C·H·Beck
PAPERBACK

«Wir lassen uns nicht mit einem vergifteten Köder über den Tisch ziehen», hat ein deutscher Politiker einmal verkündet. Das fällt dann doch auf. Aber wie kommt es nur zu solchen sprachlichen Unfällen? Eike Christian Hirsch schaut denen, die Deutsch sprechen, seit Jahrzehnten aufs Maul und hat in diesem Band wieder seine schönsten Beobachtungen und Funde versammelt. Er erklärt den Lesern, oder besser: den Lesenden, was er lustig fand und wie man es auch anders sagen könnte. So hören wir heute in jeder Arztpraxis: «Sie dürfen sich noch ins Wartezimmer setzen.» Echt jetzt – *dürfen* wir uns setzen, ist das eine großherzige Erlaubnis? Die Moderatorin wünscht uns «noch einen schönen Restsonntag», als sei der von der Resterampe. Geht's noch? Und Facebook versichert uns: «Deine Privatsphäre ist uns sehr wichtig.» Das hatte man sich beinah schon gedacht …

Eike Christian Hirsch war Redakteur im Hörfunk des NDR. Einem breiten Leserkreis ist er durch seine Sprachglossen bekannt geworden, die im *Stern* erschienen. Bei C.H.Beck liegen von ihm vor: *Der Witzableiter oder Schule des Lachens* (^{4}2016), *Gnadenlos gut. Ausflüge in das neue Deutsch* (^{4}2009), *Deutsch kommt gut. Sprachvergnügen für Besserwisser* (^{2}2009) und die Biographie *Der berühmte Herr Leibniz* (^{5}2017).

Eike Christian Hirsch

Ist das Deutsch oder kann das weg?

Schlimme Einfälle und schöne Reinfälle

C.H.Beck

1. Auflage. 2019
2. Auflage. 2019

3. Auflage. 2019

Originalausgabe

www.chbeck.de
Satz: C.H.Beck.Media.Solutions, Nördlingen
Druck und Bindung: Druckerei C.H.Beck, Nördlingen
Umschlaggestaltung: Geviert, Grafik & Typografie,
Andrea Hollerieth, unter Verwendung eines Porträts des jungen
Goethe von Johann Ehrenfried Schumann nach Georg Melchior
Kraus, Goethe-Museum, Frankfurt a. M., © Bridgeman Images, Berlin
Printed in Germany
ISBN 978 3 406 74227 9

myclimate

klimaneutral produziert
www.chbeck.de/nachhaltig

Inhalt

I. Läuft bei dir

II. Wörtlich betäubt

III. So was von Deutsch

IV. Wie aus der Zeit gefallen

V. Viel Luft nach oben

VI. Wortsalat

VII. Alles klar. Kein Problem

VIII. Echt jetzt?

IX. Aus dem Wörtersee

X. Genau!

I. Läuft bei dir

Ich darf ins Wartezimmer «Sie *dürfen* sich noch ins Wartezimmer setzen.» Das sagt heute die Arzthelferin. Nach meiner Erfahrung ist das absolut Standard und soll – natürlich – ganz nett wirken. Doch ich komme darüber ins Nachdenken. *Darf* ich mich setzen, ist das eine großherzige Erlaubnis? Ausnahmsweise?

Genau genommen «muss» ich ja noch warten. Das wäre dann keine Erlaubnis, sondern eine Anordnung. Oder, freundlicher gesagt, eine Bitte. Denn so ist es wohl gemeint: «Bitte setzen Sie sich noch ins Wartezimmer.» Aber «bitte» ist völlig out. Die gut geschulte Fachkraft könnte zu mir auch sagen: «Sie müssen sich leider noch ins Wartezimmer setzen.» Doch Zwang ist mega-out.

Was ist da schiefgelaufen? Warum ist diese Wendung «Sie dürfen» als Gipfel der Höflichkeit üblich geworden? Vielleicht ist sie ja nur eine Abwandlung von «Sie dürfen sich setzen», was man durchaus sinnvoll sagen kann, wenn man jemandem einen Stuhl anbietet. Vor allem, wenn man selbst dafür aufgestanden ist. Nur – passt sie fürs Wartezimmer?

Hier werden vielleicht die Seiten verwechselt wie bei der üblichen Aufforderung: «Rufen Sie mich *gerne* an.» Auch das macht mich jedes Mal stutzig. Muss ich da *gern* anrufen? Gemeint ist ja: «Ich» (ja, ich) «habe es *gern*, wenn Sie mich anrufen.» Oder auch: «Gern erwarte ich Ihren Anruf.» Dann steht das «gern» auf der richtigen Seite, nämlich bei dem, der sich den Anruf wünscht.

Nun dürfen Sie gern darüber nachdenken. Und dürfen sich so lange auch gern ins Wartezimmer setzen.

Geht's gut? Alles gut? Bei einem Festakt saß schräg vor mir ein gut aussehender Mann, der von einem Ehepaar begrüßt wurde. Er erwiderte sofort: «Geht's gut?» Und ich war mir sicher: Der weiß die Namen des Paares nicht – und möglicherweise nicht einmal, ob er die Leute duzt oder siezt. Für diesen Fall ist das eine geniale Floskel! Sollte man übernehmen.

Ich hatte mal einen eher schüchternen Kollegen, der sich angewöhnt hatte, mich bei jeder Begegnung auf dem Flur mit dieser eleganten Kurzform zu begrüßen, die er sich wohl irgendwo abgeguckt hatte: «Geht's gut?» Eines Tages kam ich ihm zuvor, und er antwortete, auf seine ganz liebe Art: «Ach, jetzt werde ich mit meinen eigenen Waffen geschlagen.»

Die alte Frage lautete ja: «Wie geht es Ihnen?» Auch darauf sollte man nicht ehrlich antworten, nur ein «Gut!» war erlaubt. Und da das alle wussten, ging es einigermaßen locker zu. Noch eindeutiger war die Antwort, wenn man gefragt worden war: «Geht es Ihnen gut?» Wer hätte da schon mit «Nein» geantwortet.

Aber dann kam eine andere Form auf, gleichsam die Verstärkung. Kürzer, aber höher dosiert: «Alles gut?» Ach, Leute, man sollte doch wissen, dass niemals alles gut ist. Also, warum fragt ihr? Und auch noch mit diesem eindringlichen Blick, der wahre Anteilnahme zeigen soll. Mediziner nennen so etwas wohl invasiv.

Ausrufen darf man das, als Auskunft über sich selbst. Etwa, wenn man sich gestoßen hat: «Alles gut!» Wir haben es von den Amerikanern: *It's all good.* Alles in Ordnung. Ja, als Selbstauskunft ist es in Ordnung.

Aber als Frage? Da denke ich wehmütig an das gute, fast schon neutrale «Wie geht es dir?». Denn da fragte man eigentlich nur nach der Gesundheit und dem Wohlbefinden. Ganz anders das künstliche, eindringliche «Alles gut?».

Verglichen damit hatte die alte Standardbegrüßung unter Kumpeln in ihrer ganzen Kürze doch was für sich:

Na?
Und selbst?
Danke, ebenso!

Tut ganz schön weh Wieso sagt man eigentlich «Das hat *ganz schön* wehgetan»? Ja, wirklich, was heißt hier «ganz schön»? Die Frage wurde mir vor einiger Zeit von einer Freundin meiner jüngsten Tochter gestellt. Da war ich ziemlich ratlos, aber ebenso amüsiert.

Man kann sich ja vorstellen, wie verwundert die junge Frau war, als sie begonnen hatte, über die Wendung nachzudenken. «Ganz schön weh getan», das klingt nach dem glücklichen Seufzer eines Masochisten. Ich begann nun meinerseits zu grübeln, da ich nirgends einen Hinweis auf den Ursprung dieser Redewendung fand.

Beim Suchen kommt man schnell darauf, dass «ganz schön» eine gewisse Selbständigkeit gewonnen hat und mit «schön» offenbar nur noch wenig zu tun hat. In dieser Paarung verliert «schön» seinen Sinn, es dient anscheinend nur der Verstärkung des vorausgehenden «ganz», im Sinne von «besonders». So sagt man: «Die Antwort ist ganz schön schwierig.» Ebenso: «Da habe ich mir ganz schön viel aufgeladen.» Oder anerkennend: «Das war ganz schön mutig von ihr.»

Wie es zu der Bedeutungsverschiebung gekommen ist, wird so leicht wohl niemand herausfinden. Doch hat mich die Frage ganz schön weitergebracht, wenn ich mit ihr auch zunächst meine «liebe Not» hatte.

Das allerdings ist schon wieder solch eine Fußangel. Wie kann eine Not einem lieb sein? Diese Frage übergehe ich schnell mit der Entschuldigung, dass die Rede von der «lieben Not» doch schon allzu sehr verschwunden und versunken ist.

Um etwas zu steigern, griff man früher auch gern zu anderen starken Mitteln: «Sie ist furchtbar nett, wir lieben uns schrecklich, und ich habe mich unheimlich gefreut, sie wiederzusehen.» Klingt wie aus einem Horrorfilm.

Ja, so sagte man früher, damals, als die Liebe auch schon ganz schön wehtat.

Häme ausgekübelt Journalisten lieben es, ihre abwertenden Gefühle mit unschönen Verben auszudrücken: «*Verschliefen* die Fahnder den richtigen Zeitpunkt für den Zugriff?» Nein, sie *verpassten* ihn nur. Angeblich «*hinkt* der Vorstand der Entwicklung hinterher». Warum *läuft* er ihr nicht einfach hinterher? Man kann auch von «hinterherhecheln» oder «hinterherhumpeln» lesen.

Ein bisschen werden wir wohl doch manipuliert. «Alte Frauen, die ständig in die Kirche *rennen*.» Oder Demonstranten werden mit Bussen «herangekarrt». Auch sollen übereifrige Eltern ihre Kinder zur Geigenstunde «kutschieren» und sie ins Museum «schleppen».

Erst recht kann man sich auf diese Weise wohlfeil gegen Diktaturen echauffieren. Da werden Unschuldige vor einen Richter «*geschleift*» – offen gestanden, ich würde es gern sachlicher lesen. Oppositionelle werden «in den Kerker *geworfen*» oder wenigstens ins Gefängnis «*gesteckt*». Wer so schreibt, meint wohl, für eine gute Sache dürfe man in dieser Weise die Sprache strapazieren. «Mittlerweile hat die türkische Regierung auch den Gülen-Leuten Steuerprüfer *auf den Hals gehetzt.*» So, da hat man es den Häschern aber mal ordentlich gegeben.

Ebenfalls gefragt wurde: «Ist es schlau, das Gesetz jetzt vors Verfassungsgericht zu *zerren*?» Verachtung überall: Die Parteien «basteln» an Lösungen, und seit Monaten wird an Kompromissen «gewerkelt». Heraus kommt ein eilig «gestricktes» Gesetz, und das wird dann «durch den Bundestag gepeitscht».

Es gibt im Deutschen leider viele abwertende Verben: «zurechtzimmern», «verscherbeln», «zuschustern», «ins Haus flattern», «auf den Markt werfen» … Und einer beklagte «die Häme», die über einen offenbar Unschuldigen «in manchen Talkshows *ausgekübelt* wurde».

Ähnlich parteiisch können aber auch Fachleute reden. Ein Sachverständiger wollte es entschuldigen, dass er nur ein knappes Gutachten vorgelegt hatte, und sagte: «Wir Wissenschaftler können den Parlamenten schlecht zehntausend Seiten auf den Tisch *knallen.*» Gewiss. Und ein Wissenschaftler wollte Mitgefühl wecken mit Frauen, «die täglich im Supermarkt an der Kasse *stehen*».

Soviel ich weiß, dürfen sie doch wenigstens sitzen.

Tiere bitte nicht diskriminieren Immer öfter wird jetzt gesagt und geschrieben, ein Tier habe etwas «gegessen» statt «gefressen».

So hieß das einmal, daran muss man jetzt wohl erinnern. Oder ein weibliches Tier sei «schwanger» statt «trächtig». Ein Hund ist «gestorben», nicht «verendet». Man soll die Tiere eben gut behandeln, alles andere wäre Diskriminierung. Und vor allem – man hat echt Angst vor einem falschen Wort.

In einem Aufsatz über Hunde als die besten Menschenversteher wurde berichtet, wie in wissenschaftlichen Versuchen das Gesicht der Tiere, vor allem die Bewegung der Brauen, mit Kameras festgehalten wurde. Und da fiel wirklich der Ausdruck, es gehe «um jede Regung im Hundeantlitz».

Die Entwicklung, wenn es denn eine ist, verläuft auch andersherum. Bald darauf erwähnte ein Auslandskorrespondent, der aus den USA berichtet, dass Babys «gesäugt» werden. Früher sagte man «gestillt»: Wohl ein Versehen – oder eben neue Zeiten für Mensch und Tier.

Die Stadt Hannover wollte eine Kolonie von Bibern an dem Fluss Leine unterstützen. Damit die Biber aber nicht einfach tun können, was sie wollen, beschloss die Stadt, ein «Bibermanagement» einzuführen. In der lokalen Berichterstattung stand: «Es geht darum, die *Siedlungspolitik* der Tiere so zu steuern, dass es nicht zu Konflikten mit dem Menschen kommt.»

Der bewundernswerte Biber betreibt also – Siedlungspolitik.

Mit Gänsehaut und Schockstarre Dreißig Jahre nach dem Mord an dem schwedischen Premier Olof Palme konnte man in einer Zeitung lesen: «Der Mord versetzt das Land bis heute in Schockstarre.» Wirklich?

Angekündigt werden spannende Filme und Ereignisse gern mit: «Gänsehaut garantiert». Darunter geht es kaum noch. Oder wenigstens: «Mit Gänsehautfaktor». Für mich liegt darin die

Übertreibung, ja die Unwahrheit von heute. Ich jedenfalls kenne keine Gänsehaut. Und wenn ich so etwas lese, gerate ich in Schnappatmung ... Nein, nicht ganz. Es macht mich fassungslos ... Auch nicht, obwohl diese Worte oft in Leserbriefen auftauchen. Sind ja auch nicht schlecht.

Der Ölstaat Irak wurde, nachdem er lange daniederlag, vom *Spiegel* in einer Überschrift als «Super-Gigant» bezeichnet. Im Text des Artikels erfuhr man dann, dass besonders große, ergiebige Ölfelder, wie sie sich im Irak finden, als «Super-Giganten» bezeichnet werden, offenbar international und seit langem. Normale Giganten gibt es anscheinend schon allzu viele. Auch der «Super-GAU» musste erfunden werden, dabei bedeutet GAU doch schon «Größter anzunehmender Unfall».

Wer nicht übertreibt, fürchtet wohl, nicht mehr gehört zu werden. Wir haben «alle Zeit der Welt», lautet seit etwa 2000 eine stehende Wendung. Man spürt die Übertreibung schon gar nicht mehr. Und sie breitet sich aus. «Du hast alle Unterstützung der Welt.» Alle! Der Welt! Da wollte ein Kolumnist nicht zurückbleiben: «Ich drücke für die Jurysitzung *alle* Daumen!» Ja, wie viele hat der denn? Aber er wurde von einem Fußballmanager, der sich um einen verletzten Spieler sorgte, locker überboten: «Ich drücke ihm alle Daumen dieser Welt.» O, das sind wirklich viele.

Manches Wort haben wir aus den USA: «Das Internet wird von Abbildungen geradezu *geflutet*.» Nicht schlecht. Und über einen deutschen Spitzenpolitiker schrieb ein Journalist: «Wer ihm widerspricht, wird mit Beleidigungen *geduscht*.» Wirklich? Doch das hatte was. Vor allem bei diesem Politiker.

Noch mehr liebe ich es aber, wenn ein Ausdruck mal gar nicht übertrieben ist: «In keiner Weise.» So lautete die Antwort eines jungen Professors im Interview, obwohl doch «in keinster Weise» inzwischen üblich ist. «Die Reform ist überflüssig», sagte eine Politikerin. Nicht «völlig» oder «total» überflüssig, einfach nur: überflüssig.

Zum Schluss noch eine weitere Wohltat. Als solche empfand ich es, als ich über das Silicon Valley las, dort sei man «dem Rest der Welt längst um drei Schritte enteilt».

Restsonntag An einem frühen Sonntagabend verabschiedete sich die bekannteste Moderatorin des ZDF und sagte, sie wünsche den Zuschauenden noch «einen schönen Restsonntag». Das Wort ist nicht gerade lieblich und angenehm, finde ich. Es wirkt wie Amtsdeutsch. «Einen schönen restlichen Sonntag» ginge noch. Aber «Rest» oder «restlich», das klingt immer nach Abfall. Und ganz bestimmt erinnert eine Zusammensetzung wie «Restsonntag» an die Resterampe. Hätte die Moderatorin gesagt, sie wünsche uns noch «einen schönen Sonntagabend», so wäre das wohl das Beste gewesen. Doch Zusammensetzungen (Komposita) sind uns so lieb geworden, dass sie uns zuerst auf die Zunge kommen.

So wurden schon längst die freie Zeit zur «Freizeit» und die Erholung in der Nähe zur «Naherholung». Ebenso wurde, wenn man sich ein paar schöne Ferientage gönnen möchte, diese Wonne zum «Kurzurlaub». Schon vor Jahrzehnten wehrte sich der Sprachkritiker Karl Korn gegen das Wort «Kleinkind». Und ich springe ihm bei. Es wirkt wie ein kleines Kind, das man handlich verpackt hat.

In einer Rundmail, die an einem Donnerstag ankam, las ich, man wünsche allen Empfängern «noch eine schöne Restwoche». Demnächst verabschiedet sich wohl jemand von mir mit den Worten: «Bitte grüßen Sie Ihre Restfamilie!»

Das allgemeine Du Als ich mich vor Jahren in das Basement eines Bekleidungshauses verirrt hatte, merkte ich, wo ich gelandet war, als mich der Verkäufer fragte: «Kann ich *dir* weiterhelfen?» Das nahm ich älterer Mann als Schmeichelei, traute mich aber nicht, ihn von mir aus zu duzen.

Heute ist in fast allen Ketten mit Billigklamotten das Du dem Personal vorgeschrieben, ebenso extrem bei Puma oder bei Starbucks, etwa wenn der bestellte Kaffee ausgerufen wird mit: «Alexandra, dein Cappuccino!» Die gebeugte, weißhaarige Alexandra nimmt's gelassen hin.

Ein Mann von Mitte vierzig, in meinen Augen jugendlich, sehr sportlich, besuchte mit seiner Frau einen Tanzkurs, in dem er von viel Jüngeren gesiezt wurde. Er musste um ein Du bitten und fühlte sich etwas ausgegrenzt. Eindeutig ist die Sache nirgends. Ist man auf einer Party, gar einem Familienfest, und sei es nur als ein mitgebrachter Außenseiter, so lässt man sein brettsteifes Sie am besten im Hals stecken. Verbrüderung ist angesagt (Entschuldigung: Vergeschwisterung), und alle sind vergnügt. Bei einer Party stellen sich selbst ältere Leute meist nur noch mit Vornamen vor und werden vom Gastgeber auch so eingeführt.

Bei Ikea schwankt es noch. Schriftlich gibt es ja nur das Du, damit man auch merkt, dass man in Schweden ist. Doch beim Mündlichen fällt auf, dass man trotz allem noch im alten Deutschland ist, denn die Verkäufer und Berater lassen sich sehr gern mit Sie ansprechen.

Und wie ist es am Arbeitsplatz? Arbeiter haben sich ja schon immer geduzt und haben dabei den Vorarbeiter manchmal mit einem «Sie» ausgeschlossen, um ihn zu ärgern. Christoph Bartmann, Autor eines Buches über das moderne Büro, meint, auf dem «Sie» zu bestehen sei out. «Wenn man heute das Du verweigert, gilt man ja fast als Soziopath oder zumindest als Problemfall.»

Könnte am Ende der Entwicklung das allgemeine Du stehen, wie in Schweden und natürlich in den englischsprachigen Ländern? Fachleute bezweifeln es und sehen das Du in den Läden als bloßes Geschäftsmodell, als aufgesetzte Masche. Tatsächlich sollen schon Jugendliche – ausgerechnet in Berlin-Kreuzberg – gesichtet worden sein, die ein distanzreiches «Sie» cool fanden.

Auch im Internet schwankt der Gebrauch, etwa wenn man bei Microsoft oder Apple auf den Button «Hilfe» getippt hat. Da heißt es dann abwechselnd «Wähle …» oder «Markieren Sie …». Doch einmal geriet ich an eine Website, die recht genau zu unterscheiden wusste: «Wir haben Dir diese E-Mail geschickt, um Dir zu erlauben, unser Programm weiter zu nutzen. Solltest Du zukünftig keine derartigen E-Mails wünschen, klicken Sie hier.»

Er besitzt große Schulden Die alte Schulmeisterweisheit, man solle sich nicht schlicht oder gar primitiv ausdrücken, scheint noch lebendig. Ein Hilfsverb wie «haben» ist dann schnell verpönt. Und was sagt man stattdessen?

«Deutschland *besitzt* Spieler wie Gomez und Klose …» Ja, seit wann sind die denn in deutschem Besitz? Und was besitzen beide (außer viel Talent und Geld)? «Beide besitzen das Pech, dass der Bundestrainer nur Platz für einen hat.» Man kann offenbar vieles besitzen, wenn es darum geht, das arme Wörtlein «haben» durch etwas Hübscheres zu ersetzen.

«Die Itzehoer Versicherungen besitzen 553690 Mitglieder.» Inzwischen werden es etwas mehr sein, doch egal, so stand es mal zu lesen. Was für ein Besitz! Gern auch bei Wikipedia: «Hoodys besitzen häufig auch eine tunnelartige Bauchtasche (Kängurutasche).» Und aus derselben Quelle: «Ein Lehnwort, das im Deutschen eine engere Bedeutungsspanne besitzt als im englischen Sprachraum.» Es soll die gehobene Art sein. «Sie besitzt ein zartes Lächeln» – meinetwegen.

Aber der angebliche Besitz kann noch unpassender angewendet werden. Großbritannien «besitzt das höchste Haushaltsdefizit aller EU-Staaten». «Er besitzt große Schulden.» Unter den etablierten Sprüchen ist dieser hier ja schon ein Klassiker: «Das Einzige, was ich besitze, sind Schulden.» Ein Sportredakteur stand da kaum zurück: «Der Stürmer besaß erneut große Probleme mit der Ballannahme.»

Doch damit Sie nicht denken, hochgestochen gehe nur mit «besitzen»: Es geht auch mit anderen Verben. Denn der Rat von Schulmeistern, die allzu schlichten Hilfsverben zu vermeiden, gilt allgemein. «Das *stellt* eine Bedrohung *dar*», kann man etwa hören – statt einfach «ist». Oder auch: «Draußen *herrschte* eine herrliche Sommernacht.» Das habe ich aus dem Roman eines Filmschauspielers, der sich auffällig um eine gehobene Sprache bemüht hat. «Verursachen» statt «machen» reicht ebenfalls für die angestrebte Vornehmheit: «Schweinsteiger verursachte zu viele Fehler.»

Aus einem Polizeibericht stammt dieser Satz: «Gestern *vermochten* zwei bislang unbescholtene 18-Jährige festgenommen zu werden.» Man sieht sie richtig vor sich, wie sie sich um die Festnahme bemüht haben. Und sie vermochten es, sie hatten Erfolg! Hätte man das einfache Wort «konnten» verwendet, nichts hätte schiefgehen können: «Sie konnten festgenommen werden.»

Die Farben können abweichen «Russland provoziert mit Militärübungen.» Bei diesem Verb vermissen wir kein Objekt mehr, man muss nicht nennen, «wen» Russland provoziert. Doch das erstaunt. (Wen? Jedenfalls mich.)

Noch ein bisschen mehr stolpere ich über «Die Bestimmungen wurden 2012 angepasst». Woran wohl? Oder: «Die Farben können abweichen.» Wovon denn? Stört das niemanden mehr? Vielleicht, aber das sollte nicht daran hindern, darüber nachzudenken. Jetzt schreibe ich auch schon so. Doch wie gesagt, diese Beispiele rechne ich zum schon Gewohnten. Auch die folgenden:

«Der Minister empfängt im Wirtschaftsministerium im Pariser Stadtteil Berey ...» Ok, wir ahnen es, den Reporter. «Die Bank soll bei ihren Geschäften betrogen und hintergangen haben.» Die Kunden, alle? Irgendwie wohl schon. «Die Bundeswehr will unterstützen.» Irgendwas offenbar.

Immer mehr Verben brauchen kein Objekt mehr. «Löw testet gegen Albanien.» Keine weiteren Fragen. Und über den damaligen Kanzler Kurz hieß es: «Er hört zu und gibt das Gefühl, wichtig zu sein.» Anscheinend jedem. Alles längst normal.

Ganz ungefährlich ist das Weglassen aber auch nicht immer. Sehr bekannt sind Beispiele wie diese Aufforderung zum gemeinsamen Tun: «Müll sammeln und gemeinsam kochen.» Gegangen wäre «gemeinsam *etwas* kochen». Ja, die Missverständnisse ergeben sich leicht: «Gefängnisdirektor Thomas M. ist vorübergehend entbunden worden.» Man erkennt, dass es ohne Objekt schwierig werden kann.

«Innerhalb von zwei Wochen sollen die Anträge bearbeitet und danach sofort abgeschoben werden.» In einer Regionalzeitung schließlich schrieb ein Journalist: «Rentnerin abgelenkt und dann geklaut.» Es war wohl die Handtasche.

II. Wörtlich betäubt

Dank dem Unwetter, das dafür sorgte ... «Das sind Verbindlichkeiten, die wir meinem Vorgänger zu verdanken haben.» So sprach der neue Schatzmeister des Vereins. Und niemandem wird etwas aufgefallen sein. Verdanken? Ja, so spricht und schreibt man heute. Dankbarkeit scheint weiter verbreitet, als man ahnte. «Die vielen Hurrikans sind dem Klimawandel zu verdanken.» Oder wir bekommen zu hören: «Sie verdankt die Querschnittslähmung einem Unfall.»

In der Presse sind so viele Beispiele zu finden, dass ich Seiten damit füllen könnte: «Dank den vielen Regenfällen droht jetzt Hochwasser.» «Dank der Rezession sinkt die Produktivität» ... Genug davon.

Höhere Mächte, denen wir sonst nicht danken, scheinen außerdem für uns zu sorgen – oder doch wenigstens für Unheil. Sorgen? Ja, wirklich. «Hurrikan sorgt für Opfer.» Man kann, einmal auf die Formulierung aufmerksam geworden, geradezu sehen, wie der Hurrikan sich um die Opfer kümmert. «Streiks sorgen für Behinderungen.» Früher «sorgte» man für Essen und für eine Unterkunft, für Freude und Stimmung. Heute sorgen Streiks – für Behinderungen.

Der Sprachkenner Bodo Bleinagel ist der Sache nachgegangen und hat herausgefunden, dass der neue Gebrauch ungefähr 1997 aufkam, als es zum Beispiel in der *Zeit* hieß: «Viren sorgen für innere Blutungen.» Sehr fürsorglich. Seitdem ist uns das vertraut, und wir lesen: «... mächtig genug, um für Krisen zu sorgen, sind die USA allemal noch.»

Manchmal sorgt auch bei mir das neue Deutsch für Stirnrunzeln.

Wie das Fräulein abgeschafft wurde Im Jahre 1972 wurde per Rundschreiben des Bundesinnenministeriums die Abschaffung der Anrede «Fräulein» amtlich empfohlen. Das Volk hatte sich schon knapp vorher so entschieden. Diese allgemeine Verbannung des Fräuleins vollzog sich in Deutschland innerhalb weniger Monate im Sommer und Herbst 1972. Ich habe nie vorher oder nachher einen so schlagartigen Wandel des Sprachgebrauchs erlebt.

Plötzlich war das Fräulein weg. Jüngeren muss man wohl erklären, was mit dem Wort gemeint war: So nannte man alle unverheirateten Frauen. Kaum zu glauben. In Vordrucken stand zur Auswahl: «Herr/Frau/Fräulein». Im Englischen tauchte an dieser Stelle die *miss* auf.

Ziemlich fraglich war die Anrede aber schon vor 1972 gewesen. 1940 gab es einen deutschen Liebes- und Lustspielfilm über die Mathematiklehrerin Dr. Elisabeth Hansen, der *Unser Fräulein Doktor* hieß, denn damals empfand man die Kombination von «Fräulein» und «Doktor» zugleich als passend und als lustig. Es gab auch promovierte Frauen, die auf dem «Fräulein Doktor» bestanden, um nicht mit denjenigen verwechselt zu werden, die lediglich einen Doktor geheiratet und dadurch Anspruch auf die «Frau Doktor» hatten.

Seit etwa 1960 wurde es jedoch üblich, eine unverheiratete, aber promovierte Frau als «Frau Doktor» zu bezeichnen. Man empfand, dass ein akademischer Titel nicht zu «Fräulein» passte. Auch wer ein Amt hatte, wurde «Frau Stadtverordnete Schulze» oder «Frau Amtsgerichtsrätin Schmidt» genannt. Das Gleiche galt für Ministerinnen: Elisabeth Schwarzhaupt war unverheiratet, hieß aber, als sie 1961 Bundesgesundheitsministerin wurde, Frau Ministerin Schwarzhaupt. Dass «Fräulein Ministerin» keinesfalls ging, leuchtet ja auch ein.

Dann kam der radikale Wandel, mit dem das Fräulein vollkommen verschwand. Es ging so schnell, weil sich alle an den Kopf fassten und dachten: Wie konnten wir nur bis jetzt daran festhalten? Die Abschaffung war das Aufregerthema im Sommerloch 1972, und alle waren sich nach den 68er-Unruhen endlich mal in einer gesellschaftspolitischen Frage einig, von links bis rechts.

Die Initiative ging in Betrieben oft vom Personalrat aus. Die Kollegenschaft und die Personalabteilung wurden gebeten, auf das Wort «Fräulein» zu verzichten. Zu Anfang fiel es so manchem noch schwer, einen weiblichen Lehrling «Frau Müller» zu nennen. Aber man gewöhnte sich schnell daran. Manche älteren Damen bestanden tapfer auf dem vertrauten «Fräulein», bis auch sie aufgaben – oder in Rente gingen.

Bürger*innenmeister*innen Mein erstes Missverständnis mit der neuen Schreibweise hatte ich vor einem Plakat in Dresden, da stand: «Die Schauspieler*innen des Staatsschauspiels laden ein ...» Und ich dachte wirklich, es wären die Schauspielerinnen. Weit gefehlt. Vielleicht war es ja Wunschdenken, oder ich habe das Plakat aus einer ungünstigen Perspektive gesehen.

Gelten nun allein die weiblichen Formen? Sie treten jedenfalls hervor. Und eigentlich – eigentlich fände ich es ja gerecht, wenn in der deutschen Sprache nach einem Jahrtausend mal die weiblichen Formen als die allgemeinen verwendet würden. Nun ist wenigstens das Gendersternchen da. Das Wort ist zwar noch so neu, dass meine Schreibkorrektur es beanstandet, aber es kommt.

Längst schreiben manche von «Politiker*innen aller Fraktionen». Und man versteht. Das Sternchen zaubert und erlaubt es, mit einem einzigen Wort beide Geschlechter zu meinen – und dabei sogar die weiblichen Formen zu bevorzugen.

Für einen Augenblick schien es im Sommer 2018 sogar so, als hätte der maßgebliche *Rat für Rechtschreibung* diese Schreibweise schon gebilligt oder gar vorgeschrieben. Aber der Vorsitzende Joseph Lange erklärte gleich, noch sei die Entscheidung nicht gefallen. Der Rat prüfe eben immer nur, was in der Sprache üblich geworden sei, um dann dieses Übliche zu billigen. Doch sei das Gendersternchen noch nicht allgemein verbreitet.

Lange erwähnte auch die andere Möglichkeit, nämlich statt einem Sternchen einen Schrägstrich zu setzen, also «Bürger/innen» zu schreiben. Was sich durchsetze, sei noch offen. Ebenso nannte er, was gegen beides spreche, nämlich dass man mündlich nicht deutlich machen könne, was gemeint sei. Worte wie «Bürger*innen» und «Bürger/innen» klängen, wenn man sie ausspricht, leicht so, als seien nur die Frauen gemeint.

Immerhin ist den Feminist*innen, wenn schon kein Stern, so doch ein Sternchen aufgegangen. Viele Deutsche werden nun hoffen: die einen, dass dies Sternchen an ihnen vorübergehen möge, die anderen werden hoffnungsvoll auf die Neuerung dringen und wenden sie schon mit Genuss an.

Nur *ein* Problem habe ich noch nicht erörtert gesehen. Müsste eine Bürgermeisterin sich nicht so schreiben: «Bürger*innenmeisterin»? Sie ist doch auch für die Bürgerinnen zuständig! Das jedenfalls wäre mein Rat an alle Bürger*innenmeister*innen.

Welten, ein Paralleluniversum Laurence Douglas Fink sei, so las ich, «der mächtigste Mann der Wall Street». Nur der Wall Street? Man kann auch sagen: Mit der Firma *BlackRock* hat er das größte Finanzimperium der Welt geschaffen. Umso mehr war ich verwundert und angetan, als es in einer Zeitschrift hieß: «Laurence ‹Larry› Fink ist der wohl einflussreichste Geldmanager *der Erde.*» Ja, der Erde, das klingt für mich bescheidener, obwohl man die Worte «Welt» und «Erde» auch synonym verwenden kann.

Es gibt also noch Größenangaben mit Augenmaß. Als der Zweite Senat des Bundesverfassungsgerichts einmal arg zerstritten war, spöttelte jemand im Bundestag: «Beide Teile des Senats sind so weit auseinander, dass die ganze Bundesrepublik Deutschland dazwischenpasst.» So was mag ich. Es ist zwar ebenfalls übertrieben, aber noch ganz anschaulich. Heute sagt man eher: «Dazwischen liegen Lichtjahre.» Und jeder Sportreporter schreibt: «Die beiden Mannschaften trennen Welten.»

Diese Mode hat einmal sanft angefangen: «Sie lebt in einer anderen Welt.» Das ging ja noch, weil «Welt» auch eine Bezeichnung für das eigene Reich, die eigene Umwelt sein kann. Ein verträumter Mensch in seiner eigenen Welt. Aber das genügte bald nicht mehr.

«Er lebt in einer eigenen Galaxie» ist schon ein Stück größer. Und bald musste es das eigene Universum sein, der eigene Kosmos. «Sie ist in einem anderen Kosmos unterwegs.» Eine ähnliche Entwicklung hatten wir ja auch bei den Schönheitswahlen: *Miss Germany, Miss World, Miss Universum.* Ich kann mich noch erinnern, wie ich eine Französin im Fernsehen sagen hörte, der Louvre sei «das größte Museum des Universums». Das hat ihr wohl gutgetan.

Doch es geht auch bescheidener. Ein Amerikakorrespondent:

«Die verschiedenen Lager leben in parallelen Wirklichkeiten.» Prima.

Die Astrophysiker, die vor Jahren das Multiversum erdacht haben, wollten auch unsere Sprache bereichern, nehme ich an. Jedenfalls haben sie es getan. Nach dem Brexit-Referendum konnte man etwa über Großbritannien lesen: «Es wirkt, als hätten sich große Teile der Regierung in einem *Paralleluniversum* eingerichtet.» Mehr geht nicht – und weniger darf es jetzt auch nicht mehr sein.

Ein hoch geschätzter Literaturkritiker wagte sich ebenfalls in diese Dimensionen vor, als er die beiden – zugegeben, sehr verschiedenen – Schriftsteller Daniel Kehlmann und Clemens Meyer miteinander verglich. Das seien Typen, die nicht nur «zwei einander sehr ferne Pole in der ... Dichterlandschaft besetzen, sondern auch literarisch auf verschiedenen Planeten arbeiten. Ihre neuen Bücher spielen möglicherweise sogar in unterschiedlichen *Galaxien*.»

Erstaunlich. In beiden spricht man offenbar Deutsch.

Nachwachsende Rohstoff-Experten Noch im Jahre 2017 fand sich in den *Badischen Neuesten Nachrichten* der Satz: «Gerne verbringt der fünfköpfige Familienvater hier Zeit mit seiner Frau.» *Noch* – sage ich, denn schon vor hundert Jahren versuchte man das Sprachgefühl zu schärfen mit der Scherzbildung «vierköpfiger Familienvater». Sie ist immer noch komisch, sobald man sich diesen Mann vorstellt, der eigentlich der Vater einer vierköpfigen Familie ist. Und nun wurde aus Scherz noch einmal Ernst.

Im Kaiserreich nannte man diese Konstruktion zur Warnung auch «die reitende Kavalleriekaserne». Damals gab es eben noch die reitende Kavallerie. Tatsächlich ist eine solche Konstruktion etwas missglückt, schließlich reitet ja nicht die Kaserne. Aber das sprachliche Unglück lebt fort.

In der Presse fand sich jetzt ein «Gipfeltreffen nachwachsender Rohstoff-Experten». Offen gestanden, eine so schöne Fehlleistung hatte ich kaum noch erwartet.

Durchaus ähnlich ist auch diese Wortfolge: «Unsere Jungpflanzen kommen von kontrollierten biologischen Jungpflanzengärtnern.» Das stand auf einer Verpackung. Aus Anzeigen stammen ein «freilaufender Bio-Obst-Hof» und, noch besser, «Spezialisten für freilaufende Eier». Ein Eigenschaftswort kann aber leider nicht alles aufnehmen.

Schon der Fachausdruck «erneuerbarer Strom» ist etwas zweifelhaft. Immerhin wurde ja auch der traditionelle immerzu erneuert, indem er ständig neu aus der Steckdose kam. Die *Erzeuger* des neuen Stroms, Wind, Wasser, Sonne, liefern, das stimmt, ewig neu.

Über eine Stiftung, die Wespen und Hornissen umsiedeln lässt, damit diese seltenen Tiere geschützt werden, hieß es: «Den Kontakt zu den tierischen Umzugshelfern stellen die Ordnungsämter her.» Offenbar kann es fast jedem passieren, dass er unterwegs auf den Pfaden der Sprache vom Weg abkommt und die «Helfer des tierischen Umzugs» ein wenig umbenennt.

Auch nicht schlecht ist dieses Fundstück: «Rezeptidee: Selbst gesäte Garten-Kresse-Suppe». Aufgefallen sind mir auch mal die «kleinsten Rentenbezieher». Und eine private Anzeige lautete: «Suche geringfügige Reinigungskraft.»

Andere Wendungen hingegen sind wenig auffällig und zum Teil ganz alt eingeführt. Sie haben nie gestört – wie das «geheime Wahlrecht» (obwohl nicht das Recht geheim ist) und die «schnelle Auffassungsgabe». Alles genehmigt, weil üblich, wie das «evangelische Pfarrhaus», das selbst gewiss nicht evangelisch ist.

DAS GROẞE ESZETT So mancher Freund der deutschen Sprache hat Ende Juni 2017 gejubelt, andere haben laut aufgestöhnt. Da hat nämlich der *Rat für Rechtschreibung* beschlossen, es solle offiziell ein großes Eszett geben. Seitdem gilt es als erlaubt, in der Verwaltung, in Schulen und der Justiz. Und auch für uns alle.

Jedoch ist bei den Schriftkünstlern, den Typografen, diese Neuerung ebenso umstritten wie bei uns Laien. Während einige von ihnen finden, es wurde Zeit für die Freigabe, sagen die anderen, so etwas Hässliches brauchten wir nicht. Der Disput wird weiterhin geführt, erbittert.

Die neue Geburt ist immerhin ein Fortschritt für alle, die gern in GROẞBUCHSTABEN schreiben und es bislang traurig fanden, ein kleines Eszett zwischen die großen Lettern klemmen zu müssen. Vor allem Passämter können nun glücklich sein, denn die müssen schon immer alle Namen in Großbuchstaben schreiben (warum, weiß ich nicht) und können nun Frau Großmann leichter eintippen, damit sie nicht mit Frau Grossmann verwechselt wird.

Für sehr viele Schriften ist das große Eszett schon gestaltet worden, man kann es auch auf der eigenen Tastatur aufrufen, obwohl das kompliziert ist. In der Schrift Futura Bold sieht es so aus: **ẞ**, während dort das kleine Eszett so geschrieben wird: **ß**.

Greifen wir noch zwei andere Schriften heraus: In Times New Roman Bold sieht das Neue so aus: **DAS GROẞE ESZETT**, ähnlich in PT Serif: DAS GROẞE ESZETT. Und so in Times New Roman: DAS GROẞE ESZETT.

Sieht das gut aus? Wirklich? Die Damen und Herren Typografen, die für ihre Schrift das große Eszett entwerfen mussten, verdienen unsere Anerkennung, auch wenn sie, meine ich, gescheitert sind. Denn wie man es auch dreht, der neue Buchstabe sieht entweder aus wie ein kleines ß oder wie ein großes B. Hier nochmal in Times New Roman und PT Serif, nur vergrößert:

ẞ und ẞ

Doch die Designer sind unschuldig. Die Aufgabe hat, scheint mir, keine wirkliche Lösung. Wenn man den neuen Buchstaben deutlich vom B abhebt, passt er nicht mehr in die Formensprache des lateinischen Alphabets. Denn das kennt nur gerade und rundgebogene Linien, wie es schon die ersten Buchstaben vormachen: ABC. Oder auch die drei Buchstaben RST. Nun aber kommt da ein neuer Buchstabe, der rechts oben einen lustigen Knick in der Rundung hat. Auch die Senkrechte links ist keine Gerade, sondern muss sich – wie keine Senkrechte bei anderen großen Buchstaben – leicht wölben. Überdies ist das Ding unten offen, um es vom B zu unterscheiden. Sonderbar.

Wer die Neuschöpfung nicht mag, darf weiterhin GROSS schreiben, mit zwei S. Bisher war es ja so vorgeschrieben, *nur* so. Und in der Schweiz schreibt man sowieso seit eh und je ein doppeltes S, ob groß oder klein, das Eszett gilt da als allzu deutsch. Woran wir sehen:

Die Schweiz bleibt GROSSARTIG.

Hintergrund dieser Entwicklung ist … Man drückt sich gern schwebend-ungenau aus. «Der 1818 in Trier geborene Denker wurde zu einem der einflussreichsten Theoretiker des Sozialismus.» Gemeint ist Karl Marx. Ist er tatsächlich «*einer* der einflussreichsten»? Oder wäre hier doch eine Alleinstellung angebracht? Ist er nicht klar *der* einflussreichste? Nein, sagen sich die Leute, man kann nie wissen. Wirklich, solch ein Satz scheint typisch für die neuen Vorsichtigen.

Sich nur nicht festlegen! Ein weiteres Beispiel für die Leisetreterei: Man sagt nicht mehr «Der *Grund* dieser Entwicklung ist ...», sondern «*Hintergrund* dieser Entwicklung ist ...». Damit behauptet man nicht etwa, eine kausale Herleitung zu kennen, also einen Grund. Nein, den würden andere ja bestreiten können. Deshalb sagt man schwammig «Hintergrund». Und wenn man dem Hintergrund auf den Grund gehen will? Dann muss man ihn wohl *hinter*fragen.

Ebenso tastend scheint die Redewendung: «Bislang konnten 23 Todesfälle mit dem Erreger *in Verbindung gebracht* werden.» Na, gut. Journalisten sagen und schreiben – juristisch korrekt: «Müller wird auch mit anderen ähnlichen Fällen in Verbindung gebracht.» Oder: «Dem Festgenommenen werden weitere Überfälle *zugeordnet*.» Hier passt die Vorsicht wegen der Unschuldsvermutung.

Doch wird das Ungenaue üblich: «Der Wiederaufstieg der FDP *hängt damit zusammen*, dass ...» Berichtet wird auch gern von «Schwierigkeiten, die sich mit der Immigration *verbinden*» und nicht etwa deren Folge sind.

«Ein Problem ist *aus unserer Sicht*, dass ...» Diese Klausel verbreitet sich zurzeit wie ein Virus. Vorsicht ist offenbar angesagt: «Das Ergebnis kann aus meiner Sicht eben nur sein ...» Bitte, das ist nichts als meine private Meinung! Man ist ja so bescheiden. Aber nicht unsympathisch. Wenn man eine Meinung äußert, sagt man auch gern: «Stand heute.» Das soll ebenfalls schützen, indem es auf die Vergänglichkeit der eigenen Auskunft hinweist. Morgen kann alles anders sein.

Muss man so ängstlich sein? Ja, offenbar. Ein großer Boss bei den Medien nannte im Interview die Rechtspopulisten Marine

Le Pen und Geert Wilders «problematisch» und den Brexit «bedauerlich». Er wägte seine Worte gut. Und der Präsident eines deutschen Geheimdienstes, der ausnahmsweise ein Interview gab, erwies sich als ebenso souveräner Schleicher und nannte die Entwicklung in der Türkei «alles andere als beruhigend». Vorbildlich vorsichtig sagte er dann noch: «Wir hoffen natürlich, dass wir den Russen *Anlass zur Vorsicht geben.*»

Ich weiß nicht ... So zu reden, das schaffe ich einfach nicht.

Leipzig ist das neue Berlin Man versteht, «Leipzig ist das neue ...» Ein Trend soll ausgerufen werden. Das tun Journalisten gern, weil Trends immer das Neue sind und eine Meldung wert. «Kork ist das neue Leder» (und zusätzlich noch vegan) – wär ja schön. «Backen ist das neue Kochen», und «Radeln ist das neue Golfen». Man ist versucht zuzustimmen, wie auch bei diesem Satz: «Bienenhalten ist das neue Töpfern.»

Aber gern wird mit der eingängigen Wendung auch für einen Trend *geworben*. Ein Zukunftsinstitut meinte: «Gemüse ist das neue Fleisch.» Wir würden es begrüßen. «Brille ist das neue Dekolleté», behauptete ein Magazin fürs Büro. Und man versteht: Eine attraktive Brille ersetzt alle anderen Reize, Hauptsache intellektuell. Dazu passt, was das Blatt mit den großen Buchstaben suggestiv fragte: «Wird schlau das neue sexy?» Angeblich legen Singles heutzutage mehr Wert auf Verstand als aufs Äußere.

Die suggestive Redewendung, die kaum ein Journal noch vermeiden, aber mancher Leser schon nicht mehr ausstehen kann, stammt natürlich aus den USA, und speziell aus der Modebranche, die ja von neuen Trends lebt. Es soll die einflussreiche New Yorker Modefrau Diana Vreeland (1903–1989) gewesen sein, die 1962 zuerst das Neue auf diese Weise angekündigt hat.

Und weil damals Schwarz in der Damenmode dominierte, hieß ihr Satz: *Pink is the new black.*

Orange Is the New Black lautet der Titel eines Berichts von Piper Kerman aus einem Frauengefängnis. Dieser Satz wurde zum Hype, als daraus die gleichnamige Serie bei Netflix entstand. Unübersehbar sind auch die Varianten, die andeuten, dass sich die Menschen heute jünger fühlen und manche auch jünger wirken: «60 ist das neue 40» oder gern auch «80 ist das neue 70». Klingt wie eine Feststellung und ist doch nur eine Meinung, wenn auch eine, die vielen Alten willkommen sein wird.

Für manche New Yorker hat sich das Trendviertel geändert: «Brooklyn ist das neue Manhattan.» Auch das lässt sich variieren. «Berlin ist das neue New York» oder eben «Leipzig ist das neue Berlin.»

Man kann auf diese Weise auch warnen. Eckart von Hirschhausen hat wohl den Satz geprägt: «Sitzen ist das neue Rauchen», heute also etwas Verpöntes, denn viel sitzen sei ungesund. Jedenfalls hat der heitere Arzt den Slogan bekannt gemacht.

Ein Buchtitel will uns zeigen, dass in der digitalen Welt das Analoge echter wirkt: «Analog ist das neue Bio.» Gut. Und richtig schön fände ich es, wenn diese Prophezeiung der Sharing Economy wahr würde: «Teilen ist das neue Haben.»

Noch besser fände ich es jedoch, wenn diese Mode einfach verschwinden könnte. Schweigen wäre dann – das neue Sagen.

Die Flüchtlinge sorgen mich Wenn ich sage «Ich sorge mich wegen der Flüchtlinge», so bin ich derjenige, der sich diese Sorgen macht. Ich nehme ein wenig Anteil. Irgendwie wirkt das sympathisch.

Wenn ich hingegen sage «Die Flüchtlinge machen mir Sorgen»

(«erfüllen mich mit Sorge», «machen mich besorgt»), so sind die Flüchtlinge an meinen Sorgen schuld. Denn sie verursachen sie. Ich fühle mich vielleicht sogar von den Flüchtlingen bedroht. Nicht ganz so sympathisch.

Nun aber tritt ein neuer Sprachgebrauch auf. Im unfreundlichen Fall (statt «Die Flüchtlinge machen mir Sorgen») sagt man jetzt: «Die Flüchtlinge sorgen mich.» Das ist wörtlich aus dem Amerikanischen übernommen, von *The refugees worry me.* Dieser Amerikanismus hat sich stark verbreitet und ist im Alltagsdeutsch schnell selbstverständlich geworden. Ich nenne nur zwei Beispiele aus der Presse: «Das jüngste Kind sorgt uns am meisten.» Und «Der Unmut im eigenen Unternehmen muss den Chef sorgen.»

Die neue Verwendung von «sorgen» hat Vorteile und entspricht wohl dem Wunsch nach Kürze. Bislang hätte man ja formuliert: «Unser jüngstes Kind macht uns am meisten Sorgen.» Und in der freundlichen Variante hätte man gesagt: «Wir sorgen uns am meisten um unser jüngstes Kind.» In diesem Satz steht ein «wir» als Subjekt und damit die Gefühlsreaktion im Mittelpunkt.

Zur unfreundlichen modernen Form gibt es jetzt noch eine leichte Steigerung durch eine Vorsilbe: «Die Flüchtlinge *be*sorgen mich.» Diese Wendung wirkt zunächst nicht so böse wie das alte «Die Flüchtlinge machen mir Sorgen», sondern klingt neutraler, vielleicht sogar nach Mitgefühl.

Aber das täuscht.

Sehen, was einen Sinn macht Die Redewendung «das macht Sinn» ist oft beanstandet worden, seit sie aus den USA *(it makes sense)* eingeschleppt wurde und der damalige Wirtschaftsminister Graf Lambsdorff sie ab 1982 oft verwendete. Die Worte werden vielfach als Anglizismus abgelehnt. Aber zu Unrecht, wie wir gleich sehen werden.

Der Journalist Bastian Sick erklärte sogar grundsätzlich: «‹Sinn› und ‹machen› passen einfach nicht zusammen.» Darüber empörten sich Germanisten, etwa Jan Georg Schneider, der schrieb, hier zeige sich «eine Verkennung des metaphorischen Charakters von Sprache». Denn dann «könnte etwas zum Beispiel auch keine Schule *machen* ..., man könnte sich auch keine Sorgen machen und keinen schlechten Eindruck». Gute Argumente.

Doch alle – so oder so – sahen hier einen Anglizismus, die Frage schien nur, ob er ins Deutsche passt oder nicht. Einer aber hat nachgesehen, wo man nachsehen sollte, nämlich im *Deutschen Wörterbuch* der Gebrüder Grimm. Das war der Sprachwissenschaftler Hermann Ehmann. Und siehe da, es findet sich schon etwas bei Luther, der riet, «das man wenig wort mache, aber vill ... synnen mache». Lessing schrieb: «Ein Übersetzer muss sehen, was einen Sinn macht.» Und bei Goethe ist zu lesen: «... ob man gleich sich erst einen Sinn dazu machen muss.»

Also, *it makes sense* kann man durchaus für gutes Deutsch halten, für etwas, das einen Sinn macht.

III. So was von Deutsch

Mir ist damit unwohl Welche Präposition soll man wählen? Bei der Antwort ist eine gewisse Großzügigkeit eingekehrt. Sehen wir mal in die deutschen Zeitungen:

«Sie können ihn *nach* Rat fragen.» Ich dachte, man frage «*um* Rat». «Die Staatssekretärin ist *von* Macron wohlgelitten.» Schon wieder hätte ich auf etwas anderes getippt: «*bei* ihm wohlgelitten». Oder nicht?

Mir scheint, als hätte früher jedes Verb seine besondere Präposition gehabt, mit der es auftrat. Das wird nun bald vorbei sein, viele Kontakte wackeln. «Die Vorwürfe wies er *in* aller Entschiedenheit zurück.» Gemeint aber war wohl «*mit* aller Entschiedenheit». Oder «*in* aller Deutlichkeit».

Die sonderbar unpassenden Präpositionen könnte man häufig damit erklären, dass das Verb oder das folgende Substantiv verwechselt wurde. Manchmal weiß ich aber nicht, wie es zu der Wortwahl kam: «Maier, *zu* dem mich eine langjährige Freundschaft verbindet». Wirklich? Gewohnt sind wir «*mit* dem mich». Apropos Freundschaft: In der Mail eines hoch gebildeten Freundes stand kürzlich: «Mir ist *damit* unwohl», und gleich auch noch: «Ich bin gespannt *über* das Ergebnis.» Nun ja, Mail. Da geht alles.

Im gedruckten Text eines hoch geschätzten Reisejournalisten war hingegen zu lesen, als er von einem nächtlichen Flughafen berichtete: «Aufgabe des Wachpersonals scheint zu sein, Reisende *am* Schlafen zu stören.» Möglich wäre «am Schlafen zu *hindern*» oder «*beim* Schlafen zu stören». In der Redaktion hat sich niemand daran gestört.

Die neue Beliebigkeit erstaunt mich: Zu keinem anderen modernen Phänomen habe ich so viele Beispiele gesammelt. Kann man sich einen Grund denken? «Kassel zeigt Kunstwerke, verteilt *an* dreißig Orten in der Stadt.» Wer schreibt so etwas? Gegrübelt habe ich, bis ich an einen Bericht über modernes Schnelllesen geriet. Alle Tüchtigen, die im schnellen Lesen trainiert wurden, überspringen, hieß es da, 40 Prozent aller Wörter komplett. «Dazu gehören», las ich weiter, «vor allem Artikel und Präpositionen, kleine Wörter, die wir zwischen den größeren Wörtern problemlos mit wegsaugen oder gleich selbst einsetzen wie in einen Lückentext.» Da habe ich verstanden, dass es auf die Präposition heute wohl nicht mehr ankommt und auf die richtige noch weniger. Sie wird beliebig. Einfach weggesaugt … So mag es sein.

Doch manchmal entscheidet die Wahl der Präposition sogar über den Sinn: «*Mit* der Drohung, Tausende von Arbeitsplätzen nach Indien zu verlagern, stimmten die Gewerkschaften der Ausgliederung ganzer Bereiche zu.» Kann das sein? «Mit der Drohung …»? Immerhin geht es hier um Täter und Opfer. Die Gewerkschaften stimmten nicht *mit*, sondern *unter* dieser Drohung zu. Oder *angesichts* der Drohung.

Der *Wochenspiegel* aus Walsrode berichtete über eine Erwachsenentaufe: «Alle Täuflinge haben sich *bei* vollem Bewusstsein zum Christentum bekannt.» Sie waren also nicht bewusstlos bei diesem Schritt … Doch gemeint war wohl, dass sie sich «*mit* vollem Bewusstsein» entschieden hätten, oder noch besser: ganz bewusst.

Die Kosten belasten wir Ihrem Konto «Man muss das Medikament ganz langsam *ausschleichen*», sagt der Facharzt – und der Laie folgt ihm. Ganz wohl kann niemandem dabei sein, doch so ist das mit praktischen Neuerungen: Man übernimmt sie gern.

«Wir müssen das Medikament *schleichend absetzen*», hieß das wohl zunächst. Aber das Verb *schleichen* war dann doch, weil so anschaulich, allzu verlockend. Nun finden wir es ganz normal, «schleichen» transitiv, mit einem Objekt im Akkusativ, zu verwenden: Nicht das Medikament schleicht, sondern wir schleichen es.

«Özil ist schwer zu verteidigen.» Das könnte so klingen, als sei das Verhalten von Özil, etwa nach dem Erdogan-Foto, schwer zu rechtfertigen. Doch weit gefehlt! Gemeint ist, dass es ein Verteidiger im Zweikampf mit Özil nicht leicht hat. Eigentlich war früher mal das Tor schwer zu verteidigen, wenn ein Mittelfeldspieler wie Özil angelaufen kam. Nun ist auch der Spieler selbst nicht leicht zu verteidigen.

Da will die Bundeswehr nicht zurückstehen. Zum Manöver heißt es: «Die Soldaten müssen in der Nacht *den Feind aufklären*.» Schön zu wissen, dass der dann aufgeklärt ist, wahrscheinlich *über* alle Pläne der Bundeswehr.

Abgefackelt wurden erst die überschüssigen Gase bei der Erdölförderung. Dann leider auch Heime für Asylbewerber. Und nun heißt das Verb einfach so viel wie «in Brand geraten»: «Immer wieder *fackeln* Fabriken und Kinos *ab*.»

Gut, Verben verändern ihren Sinn oder jedenfalls ihre Verwendung. Doch einiges kann uns wundern. «Die Kosten *belasten wir Ihrem Konto*» ist eine längst übliche Wendung im Geschäftsleben, an die sich jeder Kunde gewöhnt zu haben scheint. Aber korrekt sollte da stehen: «*Mit* den Kosten belasten wir *Ihr* Konto.» Der Dativ («Ihrem Konto») ist mir nur begreiflich, wenn ich ihn als Entsprechung (Analogiebildung) sehe zu «Den Betrag schreiben wir Ihrem Konto gut».

Diese Wirtschaftsleute sagen jedoch auch: «Die Aktien notieren jetzt höher.» Offenbar machen die Aktien längst selbst Notizen. Und der Weltreisende sagt: «Ich bin dabei, wenn die Ausstellung eröffnet.» Sie tut es offensichtlich selbst. Dann fügt er an: «Bei dem Kongress habe ich mich registriert», wo er sich doch hat registrieren *lassen*. Neueste Steigerung: «Bei dem Kongress habe ich registriert.» Das ist noch kürzer.

Eine Wohnungsgesellschaft schrieb: «Wir werden den Rückbau des Sandkastens *beauftragen*.» Bislang hieß es: «Wir werden die Firma Müller beauftragen», doch jetzt bedeutet das Verb wohl eher «etwas in Auftrag geben». So wandelt sich der Sprachgebrauch. Über VW las man: «Es ist ungewiss, wer den Abgasbetrug beauftragt hat.» Also – *ich* habe jedenfalls diesen Sprachgebrauch nicht beauftragt.

Man nimmt ihn jedoch hin. Schon klar. Voll verwundert war ich allenfalls noch über diese Meldung in der Tagesschau: «Kaum jemand in der CDU will einen möglichen Wahlsieg in Niedersachsen *riskieren*.» Gemeint war: «den möglichen Sieg einem Risiko aussetzen». Bis vor kurzem riskierte man eher eine Niederlage, nun also auch den Sieg.

«Händler reduzieren ihre Ware immer früher.» Das ist völlig üblich, aber eigentlich sind es die *Preise!* Dass sie, die Preise, gewöhnlich fehlen, merken wir erst bei so seltenen Wendungen wie: «Benzin bröckelt abends ab.»

Ein Algorithmus sorgt dafür Schon die Überschrift wird einige meiner lieben Leserinnen und Leser in die Flucht schlagen. Denn sie klingt nach Mathematik, dem Horror der Schulzeit.

Damit Sie vielleicht trotzdem weiterlesen, sei gesagt, dass es hier nur um die Wortgeschichte gehen soll.

Zur Frage, was ein Algorithmus *ist,* nur so viel: eine Rechenformel. Genauer, eine Handlungsvorschrift zur Lösung eines Problems. So sagt man dann: «Ein Algorithmus sorgt dafür ...» Und man weiß, Mathematiker haben eine passende Formel ausgerechnet. Das Wort «Algorithmus» taucht jetzt überall auf, wo es um künstliche Intelligenz geht.

Es ist eine Abwandlung des Namens von Muhammed al-Chwarizmi, einem Universalgelehrten, der in Bagdad lebte. Der Beiname al-Chwarizmi benennt seine Herkunft aus dem iranischen Volk. Sein auf Arabisch geschriebenes Lehrbuch *Über das Rechnen mit indischen Ziffern* erschien um das Jahr 825. Allmählich verbreitete sich der Ruhm des Gelehrten, und sein latinisierter Name änderte sich nach und nach von Alchoarismi zu Algorismi. Damit wurde zugleich das bezeichnet, was er gelehrt hat, die Kunst des Rechnens mit den arabischen (eigentlich: indischen) Ziffern.

Im Mittelalter erschien in Europa eine lateinische Übersetzung des Buches. Sie beginnt mit den Worten: *Dixit Algorismi* («Algorismi hat gesagt»). Später veränderte sich sein Name weiter zu Algorismus. Nun sind wir schon ganz nah am Algorithmus: Aus dem «s» musste nur noch ein «th» werden. Darauf kam man, weil im Griechischen der Begriff Zahl *arithmos* heißt. Dieses griechische Wort, dachte man, müsse doch in dem «Algorismus» stecken.

So hat sich dann in der lateinischen Wissenschaftssprache die Schreibung *algorithmus* ergeben, und sie hat sich eingebürgert. Seitdem löst ein Algorithmus mathematisch fassbare Probleme.

Der Beiname dieses überaus verdienstvollen Mathematikers ist leider nur stark verändert erhalten geblieben. Wir sollten ihn ehren, den Iraner, der uns die Zahlen aus Indien, die wir arabische nennen, gebracht hat. Auch wenn uns seine Algorithmen im Sog der künstlichen Intelligenz zu entmündigen drohen.

Werbung, etwas übertreibend Die Firma Leitz, die mit den Ordnern, brachte auch einen Ordner der gehobenen Klasse heraus, genannt «Leitz Royal». Dafür wurde mit dem Bild einer jungen Frau geworben, die eine Krone trägt, weil sie wohl zu den Royals unter den Ordnern gehört. Zu lesen waren die Worte: «Meine erste große Liebe». Da dachte ich: Liebe? Sonderbar, verliebt in Büromaterial? Und dann ist es sogar noch die erste *große* Liebe.

Doch so ist Werbung. Sie lebt oft von der radikalen Übertreibung.

«Damit Kinderarmut in Deutschland bald Geschichte wird.» So stand es auf dem Schild in einem Discount-Supermarkt, das dafür warb, an der Kasse «Bitte aufrunden» zu sagen. Die Differenz zwischen dem aufgerundeten Betrag und dem eigentlich zu zahlenden Preis sollte dann armen Kindern zugutekommen. Dahinter steht, das kann man nachsehen, eine bundesweite Stiftung. Aber wie wurde hier dafür geworben! Aufrunden wird man in der Regel bis zum nächsten Cent-Zehner, also um ein bis neun Cent. Durchschnittlich wären das vier bis fünf Cent pro Kunde. Und höchstens jeder zehnte Kunde dürfte aufrunden lassen.

Bei der Kinderarmut in unserem Land geht es jedoch um Milliarden. So klingt das Pathos der Werbung eben manchmal etwas hohl: «Kinderarmut ... bald Geschichte». Wer zeigt diesen Kreativen denn mal, wo die Grenzen der Glaubwürdigkeit liegen?

Eine Katastrophe wie vor drei Jahren verhindern «Er hat nicht studiert *wie* sein Bruder.» Ein einfacher Satz, aber nicht ganz eindeutig. Gut, er selbst hat nicht studiert, so viel ist klar. Doch möchte man gern wissen, ob sein Bruder denn nun studiert hat oder nicht. Mit einem Komma ginge es noch, dann hieße der Satz: «Er hat nicht studiert, wie sein Bruder», und wir ergänzen: wie sein Bruder *auch nicht*. Doch sprechen lässt sich das Komma kaum. Besser wäre wohl: «Er hat, wie sein Bruder, nicht studiert.» Und ganz eindeutig: «Er hat nicht studiert, wie sein Bruder auch nicht.»

Oder es sollte wirklich heißen: «Er hat nicht studiert, wie es sein Bruder getan hat.»

Allerdings, zugegeben, diese sonderbar kurzen Vergleiche mit «wie» sind selten. Einmal las ich aber: «Die Feuerwehr konnte eine Katastrophe *wie* vor drei Jahren verhindern.» Was war gemeint? Gab es vor drei Jahren eine Katastrophe, oder wurde sie verhindert? Im zweiten Fall hätte der Satz gemeint: «… wie sie das schon vor drei Jahren getan hat.» Unmissverständlich wäre gewesen: «Die Feuerwehr konnte, wie vor drei Jahren, eine Katastrophe verhindern.»

In der Werbung einer Bank wiederum war zu lesen: «Wichtiges nicht aufschieben. Wie die Sparkassen-Altersvorsorge.» Wahrscheinlich war der Sinn allen Leserinnen und Lesern klar, denn es war ja Werbung, und zwar für die Altersvorsorge. Aber mit etwas schlechtem Willen konnte man das missverstehen und den Sinn so deuten: «… nicht aufschieben, wie man es mit der Sparkassen-Altersvorsorge gewöhnlich tut.»

Fünf Minuten Fahrplanabweichung Ärztliche Kunstfehler kommen vor, aber man muss sie ja nicht unbedingt so nennen.

Stellen Ärzte bei Patienten nach der Behandlung leider Schäden oder Behinderungen fest, sprechen sie gern von einer «Fehlheilung». Hauptsache Heilung. Wird ein Händler der Lüge überführt, heißt es nachher über ihn, er habe da «eine Glaubwürdigkeitslücke». Wichtig ist, dass er glaubwürdig bleibt. Ebenso üblich ist das «Minus-» oder «Negativwachstum»: So spricht eine Firma, die nicht zugeben will, dass ihr Umsatz geschrumpft ist.

Das Beschönigen ist allgemein üblich geworden und fällt uns kaum noch auf. Wer auf der Straße rast, ist ein «Verkehrssünder», und wir lächeln nachsichtig, sind wir doch alle arme Sünderlein. Doch so jemand gefährdet Leben. Auch der «Steuerflüchtling» heißt so, weil das gut für ihn ist, denn mit Flüchtlingen muss man ja Mitgefühl haben. Vertrieben wird er, wenn man seine Flucht erst einmal entdeckt hat, aus seiner «Steueroase» oder dem «Steuerparadies». Und auch das ist allzu milde gesagt. Niemand möchte einen Menschen gern aus dem Paradies vertrieben sehen.

Mancher echte Flüchtling aber wird von hier abgeschoben, etwa nach Afghanistan. Die Ämter sprechen dann lieber von einer «Rückführung», ein Wort, das auch die EU benutzt. Es soll uns beruhigen. Nicht viel anders als eine Formulierung der Deutschen Bahn: «Unser Zug hat zurzeit fünf Minuten *Fahrplanabweichung.*» Wird er zu früh kommen? Nein, man wollte das Wort «Verspätung» vermeiden.

Wölfe dürfen bei uns nicht bejagt, also nicht erlegt werden, höchstens erschossen, sofern es um einen «Problemwolf» geht. Und weil das Wort «Abschuss» so unschön klingt, heißt der Vorgang amtlich «Entnahme», genauer: «letale Entnahme». So ähnlich ist es im Fußball. Ein Verteidiger hat die Aufgabe, seinen Gegenspieler, also meist einen Stürmer, «aus dem Spiel zu nehmen». Früher sprach man von «ausschalten» oder «unwirksam machen», gar von «stoppen». Wie brutal klang das doch! Nun werden Wolf oder Gegenspieler einfach entnommen.

Der Pressesprecher des Weißen Hauses sagte, als Trump gerade Präsident geworden war, bei seiner Inauguration seien mehr Menschen gewesen als je bei einer solchen Feier. Trumps Beraterin Kellyanne Conway stellte zu dieser frühen Lüge klar, der Sprecher habe «alternative Fakten» präsentiert. Conway hob mit ihrer neuen Lüge die erste wieder auf, indem sie einen Begriff erfand, der offenkundig ein Synonym für Lüge ist – und in Deutschland zum Unwort des Jahres 2017 gewählt wurde.

Doch keine Sorge, auch hierzulande kann das Ansehen geschönt werden. Denn es gibt innerhalb der Public-Relations-Künste ein neues Fachgebiet, das sich «Wahrnehmungsmanagement» nennt. Gedacht ist dabei an unsere Wahrnehmung eines Unternehmens oder eines Landes, die manipuliert werden soll. Schon das Wort selbst ist ein Euphemismus, wie er im Buche steht.

Doch um mit etwas Nettem zu schließen: Der niedersächsische Ministerpräsident Stephan Weil sagte 2013, zwei Monate nach Beginn seiner ersten Amtszeit, im Blick auf den Wahlkampf: «Über Monate bin ich als *brav und bieder* beschrieben worden, jetzt als Ministerpräsident gelte ich auf einmal als *besonnen und bescheiden.*» Ein Image-Wandel. Wahrscheinlich sogar ohne Wahrnehmungsmanagement.

Ein dickes Plus im Preis «Qualität ganz oben – Preis ganz unten», so warb Aldi Nord, und ich zitiere das hier nicht als Schleichwerbung, sondern weil der Satz meinem schlichten Gemüt entspricht. «Preis ganz unten», das passt zu meinem Sprachgefühl. «Gering» oder «klein» ginge auch, finde ich.

Doch ist das heute anders. In einer VW-Anzeige stand: «Ein dickes Plus in der Ausstattung und im Preis.» Es ging um die «komfortablen Caddy-Plus-Pakete». Im Kleingedruckten konnte man lesen: «... mit einem Preisvorteil von bis zu 2500 €». Aber was bedeutet bei diesem Rabatt «ein dickes Plus im Preis»? Nach meiner naiven Auffassung ist ein Plus eine Erhöhung. Aber damit kann man doch nicht werben, oder?

Der Telefonanbieter O_2 warb im Oktober 2017 mit dem flotten Spruch «Mega Daten, Mega Preis». O, bitte, was ist ein «Mega Preis»? Für mich wäre das ein Riesenpreis, doch kann das kaum gemeint sein. Von Weinauktionen kennt man noch die Meldung, einige Lagen hätten «Spitzenpreise» erzielt. Das ist immer noch richtig. Aber ein Händler kann inzwischen auch mit der Schlagzeile «Weine zu Spitzenpreisen» locken. Offenbar sind diese Weine extrem günstig. Dann hätte sich der Sinn völlig gedreht.

Etwas murrend lerne ich also, dass Mega-, Super- und Spitzenpreise nicht mehr «ganz oben» sind, sondern einfach klasse. Klasse niedrig.

Stillen schon vor der Geburt «Jürgen Klopp fehlte wegen einer Operation an der Seitenlinie.» Wirklich? Stand sein OP-Tisch an der Seitenlinie? Hat er gar selbst operiert? Man ahnt, wie es gemeint war – und erkennt, dass die deutsche Wortstellung im Satz so manches zulässt.

«Expertin gibt wichtige Tipps zum Stillen schon vor der Geburt.» So stand es da, doch nicht immer gehört zusammen, was zusammen steht. E-Autos sind als Ministerwagen bei Fahrern nicht beliebt, denn diese stört, las man, «das stundenlange Warten auf die Ministerialen mit Standheizung».

Als Überschrift fand sich: «Nachrüstung der VW-Fahrzeuge mit Betrugssoftware». Man hätte es dieser Firma ja zugetraut, dass sie auch bei der Nachrüstung noch was im Schilde führt. Aber die Worte müssen wohl so gedeutet werden: Fahrzeuge mit Betrugssoftware bekommen eine Nachrüstung.

Auch die Verwirrung in meinen weiteren Beispielen wird verursacht durch die Präposition «mit», die wohl zur Mehrdeutigkeit verleitet. «Nun tritt der FC Bayern bei Paris Saint-Germain mit Superstar Neymar an.» Nein, nein, die Bayern traten nicht mit Neymar an. Der spielte für den Pariser Club.

Schön ist auch: «Polizist erschießt Mann mit Messer» oder «Clever heizen mit Geld vom Staat». Beides waren Schlagzeilen. Aber das Geld vom Staat sollte wohl nicht verheizt werden.

Manchmal ereignet sich das Unglück auch mitten in einem laufenden Bericht: «Wäschewaschen zählt zu den häufigen Tätigkeiten im Haushalt. Mit Kindern füllt sich die Maschine fast täglich.»

Nicht die Sekunde null Wie nennt man die erste Sekunde nach dem Urknall? Sie wird, soviel ich weiß, nicht immer ganz richtig benannt, gerade auch nicht von den Astrophysikern. Deren übliche Benennung lautet «die Sekunde null», und das kann kaum richtig sein.

Wenn wir zählen, verwenden wir nämlich Ordinalzahlen, also: das erste, das zweite, das dritte, das vierte … Wirklich, man zählt immer mit Ordinalzahlen: «Der erste Euro, den ich damals verdient habe», «sein zweiter Versuch», «unser drittes Kind».

Schwierig wird es, wenn Wissenschaftler das System durcheinanderbringen, indem sie mit Kardinalzahlen zählen wollen. Die Kardinalzahlen laufen: null, eins, zwei, drei, vier … In der

Zeitrechnung gibt es zwei Nullpunkte, es wird nämlich schon lange «Christi Geburt» als die Zäsur in unserer Jahreszählung gesehen, eben als deren Nullpunkt. Darauf folgt «das erste Jahr nach Christi Geburt». (Und bitte kein «Jahr null», das hat es nicht gegeben.) Das Jahr vor Christi Geburt ist das Jahr «eins vor ...».

Der andere Nullpunkt, spät festgelegt, aber fast unendlich viel früher, ist der Urknall, in dem unser ganzer Kosmos entstand. Auch er wird als absolute Zäsur betrachtet, auf die «die erste Sekunde» nach dem Urknall folgte. Es ist jedoch, wie gesagt, unter Astrophysikern üblich geworden, diese erste Sekunde (die eine gewaltige Rolle spielt, weil sich in ihr schon fast alles entschieden hat) als «Sekunde null» zu bezeichnen. Das ist verwirrend, denn es passt nicht in unsere Art, die Zeit zu zählen.

Die Null ist auch am Anfang des Universums bloß eine Zäsur – ohne Ausdehnung. Eben der Urknall selbst. Was folgt, ist «die erste Sekunde». Gut, ich lasse ja mit mir reden, meinetwegen auch «die Sekunde 1». Aber nichts da mit Null! Die ist der ausdehnungslose Punkt, der Urknall selbst. Ab da wird bitte ordentlich gezählt.

Wechsel der Perspektive «Autofahren wäre lange nicht so gefährlich, wenn nicht andere so nah vor einem herfahren würden.» Bis man diesen Satz verstanden hat, dauert es gewöhnlich etwas länger. Er ist ja auch bewusst verdreht und unlogisch, kann uns jedoch als Beispiel für etwas dienen, was öfter mal vorkommt und was man Perspektivwechsel nennen könnte.

Der Berliner Architekt Leo Nachtlicht hatte es schon vor 1933 schwer. Im Rückblick hieß es über ihn: «Ursache seines beruflichen Niedergangs war seine jüdische Herkunft.» Ja, war es wirklich sein Judentum? Vielleicht war es doch der Antisemitismus, der ihm die Arbeit und das Leben schwer machte. Hier liegt, milde gesagt, so ein Perspektivwechsel vor. Oder eine Verwechslung, wahrscheinlich von Täter und Opfer.

Über einen Mann, der schon viel hat durchmachen müssen, las man: «Dreimal wurde er bestohlen, zuletzt reichte er mit vorgehaltener Pistole seine Rolex aus dem Auto.» Wer hatte da eben die Pistole in der Hand? Und wer in der folgenden Meldung die Kopfhörer auf? «Mit Kopfhörern bleiben die Nachbarn unbehelligt.» Das stammt aus der Werbung für ein Musikinstrument, das der Spielende nur über Kopfhörer hören kann. Mit *seinen* Kopfhörern verschont er die Nachbarn, die aber keine Kopfhörer tragen müssen.

Manchmal werden auch Ursache und Folge verwechselt: «Obwohl die Familie weder dem Jugendamt noch den Polizeibehörden bekannt war, soll es in der Ehe zu Gewalttätigkeiten gekommen sein.»

IV. Wie aus der Zeit gefallen

Bei Ausländern beliebte deutsche Wörter Der großartige britische Dirigent Simon Rattle hat lange in Berlin gelebt und im Interview mit dem *Spiegel* über sein mangelhaftes Deutsch gesprochen. Auf die Frage «Haben Sie deutsche Lieblingswörter?» antwortete er: «Zunächst das Wort ‹Auspuff›, weil es das Lieblingswort meiner Kinder ist. Aber auch, weil es den wunderbaren Hang der Deutschen belegt, mehr Informationen zu transportieren, als man wirklich braucht. Und dann mag ich das Wort ‹Brustwartz›.» – «Sie meinen ‹Brustwarze›?» «Sorry, ja. Das ist ein absolut wunderbares Wort. Aber natürlich ist mein Lieblingswort ‹Sehnsucht›. Wir haben im Englischen kein Pendant dafür. Und man kann mit diesem Wort ausdrücken, worum es bei unserer Kunst geht. Man müsste vielleicht mal einen Satz finden, in dem meine drei Wortfavoriten vorkommen. Aber das wäre dann nichts für Ihr Blatt.»

Der Stellvertreter des Hamburger Ballettmeisters John Neumeier, Lloyd Riggins, erzählte 2018 über seine erste Begegnung mit den Hamburgern: «Die ganze Kompanie hatte diese – *Hingabe*. Ich kannte das Wort damals nicht, im Englischen gibt es kein vergleichbares. Einsatz ist nicht genug, es ist wie: Ich würde auf meinen Kopf springen, wenn es nötig wäre.» Zudem ist es ein ganz und gar anschauliches Wort.

Einmal hat der *Spiegel*-Redakteur Alexander Smoltczyk einige

Ausländer, die in Freiburg Deutsch lernten, nach ihren Lieblingswörtern befragt. Darunter war ein Sikh aus London, der als Unternehmensberater bereits neun Sprachen sprach. «Ich höre zwei Leute auf der Straße deutsch reden und bleibe stehen. Ich weiß nicht, warum ... Es heißt, Italienisch und Französisch seien musikalische Sprachen. Für mich ist Deutsch reine Musik.» Seine Lieblingswörter: «*Anschauung*, *Eigentlichkeit*. Und natürlich Hölderlins *Gelassenheit*.»

Ein katholischer Priester aus Eritrea, weltweit tätig und einflussreich, der ebenfalls vom *Spiegel* befragt wurde, nannte: «*Lieblich*. Und *Glück*.» Mir gefällt es, mal von außen auf unsere deutsche Sprache blicken zu können, da lerne ich sie neu schätzen. Doch es kann auch ein bisschen peinlich werden. So meinte eine junge Frau aus Südkorea: «Deutsche Wörter sind immer sehr ehrlich. Weil sie nicht so abkürzen. Schwer zu erklären. Viele solche Wörter sind lang, aber interessant. Mein Lieblingswort zum Beispiel ist *schadenfroh*.»

Ihre Privatsphäre war unsere höchste Priorität Als Google in Deutschland die Häuserfronten filmte, gab es Protest von Datenschützern. Doch der Suchmaschinen-Gigant beruhigte sie mit der Anzeige: «Bei der Entwicklung von Street View war Ihre Privatsphäre unsere höchste Priorität.» Die besorgten Bürger verstanden das allerdings so: «Ihre Privatsphäre *auszuspähen* war unsere höchste Priorität.» Gemeint war natürlich: «Ihre Privatsphäre zu *wahren* ...» Aber der Satz war heraus und wurde von Kritikern bejubelt.

Ähnlich formulierten es im Sommer 2014 die Facebook-Nutzungsbedingungen, gleich in § 1, Absatz 1: «Deine Privatsphäre ist uns sehr wichtig.» Ein Schelm, wer Böses dabei denkt. Und tatsächlich, solche kleinen Unglücksfälle sind alltäglich. Dabei wird ein Wort ausgelassen, das die Verfasser für selbstverständlich halten.

«Die Gewerkschaft Verdi will sich vor allem für niedrige Einkommen einsetzen.» Gemeint war das aber nicht als Ziel – einsetzen wollte man sich für die *Bezieher* niedriger Einkommen.

Schnell ist der Sinn verdreht, wenn etwas fehlt: «Die Mitarbeiter protestieren gegen das mehrfach versprochene Weihnachtsgeld.» Also natürlich gegen dessen *Ausbleiben*. Und eine Zeitung berichtete aus dem Bauamt: «3000 Wohnungen liegen fertig geplant in den Schubladen.»

Ein Redner verstieg sich zu der Androhung: «Der Versicherer muss dafür vorsorgen, dass der Versicherte vorzeitig stirbt.» Um sich gleich zu verbessern: «Äh, äh, … *für den Fall* vorsorgen!»

Andere Auslassungen haben sich aber eingebürgert und fallen fast niemandem mehr auf. Etwa diese: «in Zeiten des *verkürzten* Abiturs». Gemeint ist ja genau genommen der verkürzte *Weg* zum Abitur. Schon gar die Worte «Unsere Ware ist stark reduziert» stören niemanden mehr, obwohl es, bei Lichte besehen, die *Preise* sind, die reduziert wurden.

In einem Report über den Pflegenotstand war zu lesen: «Gewalt gegen Alte ist noch immer ein Tabu.» Es wäre schön, wenn es weiterhin Hemmungen gegenüber den Alten gäbe, aber gemeint war wohl nur, es werde das *Thema* Gewalt gegen Alte als Tabu behandelt. Und das stimmt ja leider.

Wenn es um Auslassungen geht, dürfen natürlich Schlagzeilen nicht fehlen, denn da ereignet sich die stille Komik am ehesten, ist doch der Platz immer knapp. «Die Polizei bittet um Mithilfe bei einem Autoeinbruch.» Man versteht. Auch dies: «12 000 Euro Belohnung für Bankräuber».

Von daher «Ich bin erkältet, *ansonsten* geht es mir gut.» Ja, es ist mir recht, man kann es so sagen. Aber vor sehr langer Zeit sagte man stattdessen schlicht «*sonst* geht es mir gut». Ging auch, aber wir lieben es offenbar, die Wörter zu verlängern.

«Das ist genau der besondere Rahmen, *aufgrund dessen* die Künstler zu uns kommen.» So sprach eine Vereinsvorsitzende. Und so ist es modern. Aber sie hätte auch sagen können: «Dieser besondere Rahmen ist der Grund, *weswegen* die Künstler …» Und es wäre einfacher.

Es geht noch länger: «Ich habe das entschieden, einfach *aufgrund dessen, dass* es sein musste.» Hier sagte man früher schlichter: «… einfach *weil* es sein musste».

Üblich ist auch die folgende Erweiterung: «Es gibt noch Chancen, *von daher* warten wir einfach mal ab.» Ein nacktes «daher» hört man kaum noch, das alte Wort ist längst adlig geworden und nennt sich nun «von daher». Es sei ihm gegönnt. Länger zu werden ist Trend, und von daher ist es mir auch recht.

Man kann auch einen Satz wie diesen entdecken: «Er schaut *ernsthaft* in die Kamera.» Das klingt etwas solider als ein bloßes «ernst». Ernsthaft? Man verwendet das Wort sonst eher im Sinne von «wirklich»: «Er hat ernsthaft vor …» Ja, was hat er denn ernsthaft vor? Nehmen wir an, keine Aufschwemmungen mehr zu verwenden.

Als sich im Sommer 2017 die CSU und die CDU, genauer Seehofer und Merkel, gefetzt hatten, sagte eine Moderatorin im ZDF: «Die *Tonalität* bei den Verhandlungen hat sich geändert.» War es nicht einfach der Ton, der Umgangston?

Diese Erweiterung ist neu, und sie erinnert mich an eine alte: «Die *Regularien* lassen da wenig Spielraum.» Regularien! Das Wort ist schon derart oft gesagt worden, dass es inzwischen als richtig gilt. Ursprünglich waren Regularien nur die Punkte, die auf der Tagesordnung standen, nun sind es alle Regeln.

«Regularitäten» ist noch pompöser, aber man hört es nun ebenfalls. Linguisten nennen das eine Aufblähung, denn eine «Regularität» ist eigentlich nur ein Fachausdruck aus der Informatik und der Mathematik.

Ja, Leute, erweitert nur! Sowieso wird alles dicker und schwerer. Es ist *am Ende* egal ... Man kann auch sagen «*schließlich* egal», «*letztlich* egal». Beliebt ist jedoch auch hier die Erweiterung: Das ist «*letztendlich* egal». Und da man alles noch ein wenig mehr übertreiben kann, sagt man nun, es sei «in letzter Konsequenz» egal.

Oder «*schlussendlich* egal». Meinetwegen. Und damit endlich Schluss.

Sehen gelassen zu haben Manchmal kommt uns beim Schreiben eine knifflige Konstruktion entgegen, die wir glauben nicht meistern zu können. In meinem Lieblingsmagazin wollte ein Redakteur über einen Staatspräsidenten, der unter Anklage stand, berichten. Und er formulierte: «Er soll sich von einem Baukonzern eine Wohnung *renoviert haben lassen.*»

Irgendwie kann das, sagt man sich, nicht stimmen ... Aber wie wäre es denn richtig? Ich stelle mir vor, wie der Journalist auch dies erwogen hat: «Er soll sich ... eine Wohnung *haben renovieren lassen.*» Und ich denke, dass er diese Lösung verworfen hat. Wirklich, je mehr man grübelt, desto zweifelhafter werden alle Varianten, auch diese. Und man muss zugeben, sie klingt dann ungewöhnlich. Dabei wäre sie richtig. Drei Infinitive hintereinander!

Im selben Magazin wollte bald darauf jemand darüber spekulieren, wie im Mittelalter ein König wohl sein Geld verloren hat: «Während einer Reise könnte er seine Kriegskasse *versteckt haben lassen.*» Auch dieser Verfasser, denke ich mir, wird sich den Kopf zerbrochen und dabei manches geprüft haben, darunter dies: Er könnte «seine Kriegskasse *haben verstecken lassen*». Klingt leider ebenso befremdlich. Dennoch wäre es richtig.

Wie die Regel lautet, will ich hier gar nicht zu erläutern versuchen. Denn wir Einheimischen haben das Richtige oft schon im Ohr. Deshalb will ich nur die Zweifler ermuntern, an die drei Infinitive zu glauben – falls sie schreibend bei der Suche nach einer Lösung auf die drei stoßen sollten.

Will man etwas Ähnliches gar in einem Infinitivsatz sagen, der ein «zu» enthält, wird die Sache noch ungemütlicher, aber man könnte daran auch erkennen, wie elegant das Deutsche klingen kann. Nehmen wir dieses Beispiel: «Ich entsinne mich, meine Kollegin das Passwort einmal sehen gelassen zu haben.» Geht doch. Auch wenn ich meine, einige dabei schon straucheln gesehen zu haben.

Wo ist bei der Zeit hinten? «Wirbelsturm Sandy hat die Premiere um zwei Tage *nach hinten* verschoben.» Was könnte das bedeuten? Nach hinten? Wo ist auf dem Zahlenstrahl der Zeit «hinten»?

Wenn man sich selbst sieht als jemanden, der im Ablauf der Zeit steht, könnte man auf die Idee kommen, «hinten» sei das Zurückliegende. So kann es aber nicht gemeint sein. Doch man spricht so! Alle sind sich über «hinten» einig: «In der Vergangenheit musste Musk den Produktionsstart seines Modells X mehrfach *nach hinten* verschieben …» Man sagt es nicht anders: «Deshalb verschieben sich alle Termine *nach hinten.*» In die weitere Zukunft. Ist die Zukunft denn – hinten? Zurück in die Zukunft?

Vorausgesetzt wird von der Mehrheit offenbar, dass man in die Zukunft blickt wie in eine offene Landschaft, bei der die Berge, die weiter weg sind (und die man erst später erreichen wird), «hinter» den Bergen liegen, die man vor sich hat.

Wird hingegen eine Premiere «vorverlegt», so ist sie auf dem Zahlenstrahl der Zeit früher dran. Was den Zahlenstrahl betrifft, wird sie jedoch genau genommen rückwärts verschoben, gegen den Zeitstrahl. Also eigentlich nach hinten. Aber das nennt man trotzdem «vorverlegt». Die vorverlegte Premiere wurde nicht «nach vorne», also in die weitere Zukunft verlegt, sondern «vor» den ursprünglichen Termin.

Doch will ich niemanden verwirren. Also folge ich brav dem Üblichen, versprochen. Nur ganz im Stillen und für mich allein bleibe ich dabei, dass ich nach vorn blicke, und deshalb wird ein Termin in meinen Augen «nach vorn» verschoben, wenn ich noch ein wenig länger auf ihn warten muss. Nach vorn in die Zukunft.

Hochgelobt oder hoch gelobt? «Seehofer und Söder haben sich verständigt und *zusammen gerauft.*» Manchmal kommt es darauf an, ob man etwas zusammen- oder getrennt schreibt. Allerdings sind die meisten Menschen überzeugt, es sei egal, wie man es damit hält, denn dieses Problem sei sowieso unentwirrbar. Und es stimmt ja in gewisser Weise: Die Rechtschreibreform wollte alles vereinfachen, gelungen ist es ihr nicht.

Um sich zu orientieren, genügt es, sich an eine alte Regel zu halten und auf die Satzmelodie zu achten. «Ich habe das nie schlecht gemacht, ich werde nur oft schlechtgemacht.» «Ein Torwart kann den Kasten leicht sauberhalten, er muss nur die Bälle sauber halten.» Oder nehmen wir die beiden Feinschmecker, die zueinander sagten: «Wenn wir so weitermachen, müssen wir unsere Klamotten bald weiter machen.»

Auch früher galt: Es kommt auf die Betonung an. Haben beide Wörter je einen starken Ton, so werden sie getrennt geschrieben, haben sie einen gemeinsam, bleiben sie auch beim Schreiben zusammen. Entweder will man zusammen raufen oder sich zusammenraufen.

Die elektronischen Hilfen beim Rechtschreiben kennen sich da leider nicht immer aus. Mein Mail-Programm will nicht, dass ich frage: «Wie Marie sich wohl fühlt?» Das soll zusammengeschrieben werden, als stünde schon fest, dass sie sich wohlfühlt. Umgekehrt liest man im *Spiegel*, der recht sorgfältig korrigiert: «Kein Platz, auf dem er sich wohl fühlt.» Kann das stimmen?

Ebenso stand in einem *Spiegel*-Gespräch: «Wir müssen erheblich weitergehen.» Dabei scheint es mir eindeutig geboten, hier zu unterscheiden: «Sie will noch weiter gehen» (Grenzen überschreiten). Und «sie will weitergehen» (nicht stehen bleiben). Der *Spiegel* schrieb auch dies zusammen: «Weil es ihm nicht sonderlich gutgeht.» Ob das wohl gutgeht?

Manchmal ist der Unterschied in der Bedeutung nur schwer zu fassen, aber trotzdem gegeben. «Ich genoss es, diese Landschaft wieder zu sehen.» So geschrieben, dauert das Sehen eine Weile, ich sehe die Landschaft an. Wenn ich jedoch schreibe «Ich genoss es, diese Landschaft wiederzusehen», könnte ein kurzer Eindruck gemeint sein. Eben ein Wiedersehen.

Tatsächlich, es kommt hie und da drauf an. Bei Literaturkritikern heißt es ja gern, ein Autor sei von der Presse «hochgeschrieben» worden. Man versteht: in die Höhe. So ist es richtig geschrieben. Der CSU-Politiker Karl-Theodor zu Guttenberg hingegen war kurze Zeit äußerst populär, und nach seinem Scheitern konnte man lesen: «Guttenberg, der Hochgelobte». Wie war das gemeint? War er nun hochgelobt worden (im Sinne von hochgeschrieben) oder doch: hoch gelobt?

Man ahnt es nicht.

Beides kann nicht wahr sein «Ich hoffe *nicht,* dass es so kommt.» Diese Verneinung ist ebenso verbreitet wie sonderbar. Logisch wäre es ja zu sagen: «Ich hoffe, dass es *nicht* so kommt.» Aber man sagt es nicht. Und immerhin, alle verstehen es richtig, auch wenn das «nicht» an merkwürdiger Stelle steht.

Über zwei widersprüchliche Äußerungen von Trump war zu lesen: «Beides kann nicht wahr sein.» So kennen wir Trump, das meiste von ihm kann nicht wahr sein. Doch gemeint war hier: «Es kann *nicht beides* wahr sein.» Entweder – oder! Wir sind uns da wohl einig, aber nicht alle Menschen hören den Unterschied. Oder sollte ich schreiben: «Alle Menschen hören den Unterschied nicht»? Die Sache mit der Stellung des «nicht» ist etwas vertrackt, aber nicht unwichtig.

Eine Hollywood-Schauspielerin wurde so zitiert: «Kind oder Karriere: Für viele Frauen ist *beides nicht* möglich.» Mündlich ginge der Satz durch, wenn man «beides» richtig ausspricht, also das Wort betont und danach eine kleine Pause macht. Aber schriftlich wirkt es wie «Für viele Frauen ist weder Kind noch Karriere möglich». Besser wäre es wohl gewesen zu schreiben: «Für viele Frauen ist *nicht beides* möglich.» Nicht beides zugleich oder zumindest in einem Leben.

«Der Impfstoff wird knapp, er steht flächendeckend *nicht zur Verfügung.*» Gemeint war wohl eher: «… *nicht flächendeckend* zur Verfügung».

Die Reihenfolge entscheidet auch sonst manchmal über den Sinn. Ein städtischer Angestellter, dem man vorwarf, seine Pflichten versäumt zu haben, bestritt das und hatte ein gutes Gewissen. Einem Journalisten wollte er sagen, er könne «weiter gut schlafen». Doch wurde er in der Zeitung so zitiert: «Ich kann gut weiter schlafen.»

Deutsch-Englisch: Arm, Hand und Finger Warum ist das Englische so erkennbar mit dem Deutschen verwandt? Die Antwort, die manche verblüfft, lautet: Weil das alte Englisch zumeist aus Deutschland stammt. Es sind gerade die einfachen Wörter, die sich ähneln oder gleich geblieben sind, wie «Arm», «Hand» und «Finger». Auch «Schenkel» *(shank)*, «Fuß» *(foot)* und «Zeh» *(toe)* haben sich erhalten.

Die Familie bestand damals aus Vater *(father)* und Mutter *(mother)*, Sohn *(son)* und Tochter *(daughter)*, dem Bruder *(brother)* und der Schwester *(sister)*. Ja, es waren die Ausdrücke des bescheidenen Alltags, die sich vererbten. Allenfalls leuchteten dabei mal Gold *(gold)* und Silber *(silver)* auf.

Die Verwandtschaft entstand, weil die deutsche Sprache, genauer die niederdeutsche, um das Jahr 500 n. Chr. nach England gebracht wurde, wo man eigentlich Keltisch sprach. Die germanischen Einwanderer, die im Zuge der Völkerwanderung meist friedlich kamen, stammten teils aus dem heutigen Schleswig, vom Stamm der Angeln, teils aus Niedersachsen, das waren also Sachsen. Daher nennt man das Englische auch Angelsächsisch (*Anglo-Saxon*). Und die deutsch-englische Sprache heißt in ihrer ältesten Form *Old English*. Später kamen auch skandinavische Wörter und Wendungen hinzu.

Selbst die Landesbezeichnung *England* stammt von den

Angeln ab, es war eben Angeln-Land. Doch bekanntlich kam im Jahre 1066 neuer Besuch auf die Insel, diesmal als Eroberer. Er kam aus Frankreich, genauer aus der Bretagne, die nach britischen Siedlern hieß, und die hießen so, weil England von den Römern *Britannia* genannt wurde. Deswegen wird die Insel seit 1066 auch wieder *Britain* genannt. Die Franzosen brachten zusammen mit ihrer Sprache eine feinere Kultur, die es vorher in England nicht gab. Die komplizierteren Dinge wurden im Englischen seitdem französisch, später auch lateinisch benannt.

Für uns ein Grund mehr, uns mal die kleine, einfache Welt der deutschen Einwanderer anzusehen. Man erkennt sie an den Wörtern der Angeln und Sachsen, die im Englischen erhalten geblieben sind. Da sind Himmel *(heaven)* und Erde *(earth)*, Feuer und Wasser, Sand und Stein *(stone)*, das Land *(land)* und die See *(sea)*. Da gab es Schiff *(ship)* und Boot *(boat)* mit Mast *(mast)* und Segel *(sail)*, mit Kiel *(keel)* und Anker *(anchor)*.

Man meint, an diesen Wörtern aus dem *Old English* heute noch zu erkennen, was damals wichtig war. Wir sehen den Weg *(way)*, aber noch keine Straße, denn *street* kam später aus dem Lateinischen, doch gab es die Hecke *(hedge)* und das Feld *(field)*. Dort wuchsen Weizen *(wheat*, altenglisch *hwǣte)*, Korn *(corn)* und Gras *(grass)*, auch Apfel *(apple)* und Birne *(pear)*. Die feineren Früchte wie Kirsche und Aprikose kannte man noch nicht.

Die Einwanderer hatten Haus *(house)* und Stall (*stall*, das ist heute ein Marktstand oder eine Pferdebox). Dort hielt man Schaf *(sheep)*, Geiß *(goat)* und Schwein *(swine)*, hatte wohl auch Kuh *(cow)* und Ochse *(ox)*, dazu ein Ross *(horse)*. Der *steer* (Stier) ist im Englischen jetzt ein Ochse.

Es gab die Henne (*hen*, nun ein Wort für Huhn und Hahn zugleich). Die Hühner werden heute auch *fowl* genannt, das ist der deutsche «Vogel», altenglisch *fugol*, was ursprünglich jeden

Vogel meinte. Ebenso gab es die Haustiere Katze *(cat)* und Hund (*hound*, heute eingeschränkt auf einen Jagdhund). Woher das übliche *dog (docga)* stammt, weiß man nicht. Und leider gab es auch Maus *(mouse)* und Ratte *(rat)*.

Ebenso wird das religiöse Leben spürbar in Wörtern wie «Gott» *(god)* und «Teufel» *(devil)*. Die Kirche *(church)* unterschied das Übel *(evil)* und das Gute *(good)*, das Heilige *(holy)* und die Sünde *(sin)*.

Im Inneren des Hauses befand sich wohl nur eine einfache Einrichtung: Bank *(bench)* und Stuhl (*stool*, heute eine Art Hocker), ein Bett *(bed)* und an der Wand zur Ablage ein Bord *(board)*. Einen Tisch fand man damals nicht, jedenfalls stammt das englische Wort *table* (lat. *tabula*, frz. *table*) nicht aus dieser Zeit. Und der deutsche «Tisch» auch nicht, er stammt vom griechisch-lateinischen *discus* ab, ebenso wie das englische *desk*.

Am Himmel standen Sonne *(sun)*, Mond *(moon)* und Sterne *(stars)*, im Sommer *(summer)* und im Winter, am Tag *(day)* oder in der Nacht *(night)*, bei Wind *(wind)* und Wetter *(weather)*, bei Regen *(rain)* und Schnee *(snow)*. Draußen war es kalt *(cold)* oder kühl *(cool)*, heiß *(hot)* oder warm *(warm)*.

Benannt wurde auch, wie man sich bewegte: gehen *(go)* und stehen *(stand)*, liegen *(lie)* und sitzen *(sit)*. Und was tat man noch? Essen *(eat)* und trinken *(drink)* zum Beispiel. Gegessen hat man gern Fisch *(fish)* und Fleisch (*flesh*, heute nur noch das lebende Fleisch). Und zu trinken gab es nicht nur Wasser *(water)* oder Milch *(milk)*, sondern man kannte auch den Wein *(wine)* und natürlich, wie sich das für Germanen gehörte, das Bier *(beer)*.

Drinnen im Raum *(room)* hörte man Leute sprechen *(speak*, ursprünglich *sprecan)*. Wenn die Stimmung stieg, hörte man sie wohl singen *(sing)* und lachen *(laugh)*.

Heute erleben wir wieder ein Zeitalter der Völkerwanderung, aber damals waren *wir* die Einwanderer, jedenfalls im Angelnland.

Trojaner und Lebensversicherung Bilder sagen mehr als viele Worte. Auch in der Sprache gibt es sie, doch sind sie nicht immer ganz passend, finde ich. Vier will ich hier nennen.

«Trojaner»: Erst gab es Computerviren, dann, noch schlimmer, Würmer, die sich selbständig weiterverbreiten. Und bald fanden sich auch Trojaner. Dabei glaubt man zu verstehen: Diese Schädlinge tarnen sich als eine nützliche Software, in ihnen stecken aber gut getarnte Schadprogramme. Trojaner werden oft auf den Rechner geladen, weil man meint, im Internet eine gute Software kostenlos erwischt zu haben.

Das Bild scheint zu passen. Denn damals, vor mehr als 3000 Jahren, jubelten die Bewohner Trojas, als die griechischen Belagerer abgezogen waren, über das riesige hölzerne Pferd, das die Feinde zurückgelassen hatten, und zogen es in ihre Stadt. Dem Pferd entstiegen bald gefährliche Griechen. Trotzdem nennt man seit mehr als 2000 Jahren dieses Pferd das «trojanische», obwohl es eigentlich ein griechisches Pferd war.

Das Computervirus, das außen verlockend ist und innen den Schädling birgt, wird also zu Recht ein Trojanisches Pferd genannt. Doch mit der Abkürzung «Trojaner» wird die Sache etwas schief, denn das Pferd war ja kein Trojaner, sondern eben eine griechische List im Kampf um Troja. Was heutzutage boshaft eingeschmuggelt wird, könnte man eher einen «Griechen» nennen. Aber diese Art von Virus heißt nun mal so, und wir alle müssen dabei bleiben. Was ja auch seine Vorteile hat. Troja gibt es längst nicht mehr, die Trojaner können gern zum Schimpfwort werden.

«Totengräber»: Was mich immer wieder erbost, ist die Bezeichnung «Totengräber der Demokratie». Wenn man einem Menschen nicht nachsagen will, er sei der Mörder oder Totschläger einer guten Einrichtung, dann nennt man ihn deren Totengräber, als seien Totengräber Menschen, die den Untergang eines Sterbenden selbst eingeleitet haben, bevor sie den Toten endlich begraben. Nein, schon in alten Zeiten galt es als eine Tugend, die Toten zu begraben. In der katholischen Morallehre zählte das Begraben zu den *opera misericordiae,* also zu den Werken der Barmherzigkeit.

Zu Recht sagt man jedoch «Wir sollten dieses Projekt beerdigen!», jedenfalls wenn man meint, die Sache sei längst tot. Dann ist das ein gutes Werk. Aber der «Totengräber der Demokratie» soll ja am Tod mitgewirkt haben, und so etwas tun Totengräber nie.

«Meilenstein»: Nur einen leichten Vorbehalt habe ich gegen die Redewendung, etwas sei «ein Meilenstein», etwa der Technikgeschichte. Oder sagen wir, ich finde das Wort wenig überzeugend. Denn ein Meilenstein ist kein Denkmal und – wie er so für sich am Wegesrand verweilt – ziemlich unwichtig. Auf ihm steht nicht «Hier beginnt eine neue Ära» oder «Hier erfand Konrad Zuse den Computer». Vielmehr stand der Meilenstein da schon, als die Technikgeschichte an ihm vorbeizog. Und er zeigt nur die Meilen oder Kilometer an, die man schon geschafft hat. Mehr nicht. Er wird am Wege auch nicht da errichtet, wo etwas Wichtiges passiert ist, sondern markiert nur eine Entfernung. Man könnte daher allenfalls sagen, mit dieser Erfindung habe die Wissenschaft «einen Meilenstein *erreicht*».

Gibt es eine Alternative? Wie könnte man das sonst ausdrücken? Dass «eine neue Seite aufgeschlagen» wurde, ist auch etwas pathetisch und dazu noch abgegriffen. Oder geht – «Wegmarke»?

Ja, das wäre gut. Gerade lese ich: «Das Hambacher Fest ist eine *Wegmarke* der deutschen Geschichte.» Gelungen. So soll es sein.

«Lebensversicherung»: Ganz sicher bin ich mir, dass die Lebensversicherung als Bild falsch verwendet wird. Rein versicherungstechnisch ist die Bezeichnung an sich schon heikel, denn man kann sein Leben nicht versichern, und bei Juristen und anderen Kennern heißt die Sache auch richtiger «Versicherung auf den Todesfall». Tatsächlich ist meist genau dieser Fall versichert, denn dann gibt es Geld. Aber man durfte den Kunden wohl nicht mit dem Wort «Tod» kommen. In jedem Fall wäre es ein Missverständnis, diese Versicherung als «Versicherung gegen den Tod» zu deuten. Die gibt es nicht.

Nun also zur bildlichen Verwendung. «Die Bodyguards sind für die Politikerin eine Lebensversicherung.» Man versteht das schon, aber muss doch zweifeln. Mit Bodyguards wird das Leben sicherer, das stimmt, aber gerade mit einer Lebensversicherung eben nicht! Denn auch mit einer Lebensversicherung muss man weiterhin sagen: «Ich bin mir meines Lebens nicht sicher.» Der Satz sollte also besser lauten: «Die Bodyguards machen ihr Leben sicherer.» Eine Lebensversicherung wird dadurch nicht überflüssig.

Stabiles Fahrwasser Die Bundeslandwirtschaftsministerin Julia Klöckner sagte am 1. August 2018, es war auf dem Höhepunkt der schweren Dürre in Deutschland: «Wir werden die besonders betroffenen Betriebe nicht im Regen stehen lassen.»

Wer sich anschaulich ausdrücken kann, in einer bilderreichen Sprache, ist beneidenswert. Nur schlägt die hohe Gabe leicht in einen Unfall um, vor allem, wenn zwei gängige Bilder miteinander verknüpft werden. Als Kurt Beck noch Ministerpräsident von Rheinland-Pfalz war, verweigerte er sich dem damals neuen Hartz IV und sagte: «Wir lassen uns nicht mit einem vergifteten Köder über den Tisch ziehen.»

So krass ist es nicht immer. Ein anderer Politiker sagte einmal für ein gedrucktes Interview: «Man sollte denen aber nicht auf Biegen und Brechen hinterherrennen.» Das Unglück scheint die Redaktion nicht bemerkt zu haben, aber Sie, liebes Lesepublikum, merken es gleich.

Bleiben wir noch bei der Politik. Als die HSH-Nordbank vor dem Zusammenbruch stand, meinte ein Zuständiger: «Wir tun alles, um die Bank wieder in stabiles Fahrwasser zu führen.» Das stabile Wasser wäre ein Patent wert. «Ruhiges Fahrwasser» ist hingegen üblich, aber von «ruhig» wollte dieser tatkräftige Banker wohl nicht sprechen.

Als der Publikumsliebling Freiherr zu Guttenberg seinen Posten als Verteidigungsminister räumen musste, hatte er zuvor noch die Bundeswehrreform eingeleitet. Bei seinem Abgang sagte ein Parteifreund, der es gut mit ihm meinte: «Guttenberg hat die Pflöcke fest eingerammt, um die Bundeswehrreform anzuschieben.»

Jenseits der Politik schrieb ein Motorjournalist in einer Tageszeitung über den deutschen Autoexport: «Die meisten großen Audis gehen in China über den Ladentisch.» Gewiss kein sprachlicher Unfall, und nur wenige Leser werden das Bild vom Audi auf dem Ladentisch ganz genau betrachtet haben.

Auch bei dieser Verknüpfung verschiedener Bilder muss man zweimal hinhören, ehe man die Komik entdeckt: Es waren, entsinne ich mich, organisierte Schüler, die bundesweit protestieren wollten und dabei ankündigten: «Der Kanzlerin steht ein heißer Herbst bevor, sie muss sich warm anziehen.»

Schließlich fand ein Börsenhändler an einem besonders glücklichen Tag die Worte: «Es hat quasi Geld geregnet, wir mussten nur den Schirm aufspannen.» Vielleicht hat er ja gemeint, dass man die aufgespannten Schirme hätte nach unten halten müssen, um möglichst viel Geld aufzufangen. Dann stimmt sein goldener Satz wieder.

V. Viel Luft nach oben

Glück und Glück «Auto überschlägt sich: Insassen im Glück.» So findet man es in der Zeitung. Und wir stutzen. Nein, sie *hatten* Glück, das stimmt. Aber sie *sind* damit nicht glücklich, nicht «im Glück».

Bekanntlich gibt es das Wort «Glück» im Deutschen in zwei Bedeutungen: Ich habe «Glück gehabt», und ich habe «mein Glück gefunden». Das ist offenbar nicht immer leicht zu unterscheiden. Im ersten Fall haben glückliche Umstände Schlimmeres verhindert, und so war der Ausgang glücklich. Doch im anderen Fall empfinde ich Glück, ich bin glücklich. Das ist ein Gefühl. Beides, Glück haben und sein Glück finden, sollte zweierlei bleiben.

Ein Gefühl für den Unterschied fällt uns schwer, weil wir nur dieses eine Wort haben. Im Englischen sind es zwei Wörter, *luck* und *happiness,* wie es dort ja öfter zwei Wörter gibt, wo wir nur eins haben (der Himmel ist *heaven* oder *sky,* die Tasche *bag* oder *pocket* und vieles mehr). Wir aber müssen uns immer wieder sagen: Wer Glück gehabt hat, muss nicht glücklich sein, schon gar nicht «im Glück».

Ein anderer Journalist warf ebenfalls beides zusammen. Zunächst schrieb er, Deutschland habe Glück gehabt, dass hier noch keine Bombe von Islamisten hochgegangen ist (auf Englisch wäre das wohl: *It was lucky*). Der Autor zog aber zugleich die andere Bedeutung heran, ohne den Unterschied zu bemerken:

«Die Amerikaner haben dem Streben nach Glück sogar einen offiziellen Status verliehen, indem sie es in der Unabhängigkeitserklärung von 1776 festschrieben, als *pursuit of happiness.*»

Das stimmt, es steht in der Unabhängigkeitserklärung, mit der sich die Siedler vom Mutterland lossagten. In dieser Erklärung heißt es, zu den unabänderlichen, gottgegebenen Rechten eines jeden gehörten *Life, Liberty, and the pursuit of Happiness,* also: Leben, Freiheit und das Streben nach Glück.

Damit war aber nicht etwa gemeint, Gott habe uns das Recht verliehen, Glück zu haben (oder gar glücklich zu sein), sondern nur das Recht, nach unserem eigenen Glücklichsein oder nach einer glücklichen Gemeinschaft zu streben.

Dem Affen eine Leiter hinstellen Beim Frühstück nach dem Familienfest erzählte mir eine Verwandte, sie sei abends einfach auf den Parkplatz gegangen, «fahren durfte ich nicht mehr». Ich fragte, was sie da gemacht habe. «Ich war mit dem Wohnmobil da!» «Ah, toll», sagte ich, «mit deinem Schneckenhaus!» Und sie, etwas indigniert: «So langsam ist mein Auto auch wieder nicht, das ist sogar ziemlich schnell!» Es war meine Schuld, das Wohnmobil so genannt zu haben, ich wollte es nicht mit der Geschwindigkeit einer Schnecke vergleichen, sondern mit dem Komfort dieses Tieres, das sein Haus immer dabeihat.

Irgendwie weiß man, dass ein Vergleich meist nur *eine* (kleine) Gemeinsamkeit benennen will. Auf Lateinisch heißt sie das *tertium comparationis,* das «Dritte des Vergleichs», wobei mit dem «Dritten» eben das Gemeinsame gemeint ist. Hier sollte es das Haus sein, das meine Verwandte so gut wie eine Schnecke mit sich führt. Aber ich hatte den Fehler gemacht, mich missverständlich auszudrücken.

Wenn jemand eine Ansicht vertritt, die sein Gegenüber bereits teilt, sagt man bekanntlich, er trage Eulen nach Athen. Das ist altes Bildungsgut. In Sri Lanka sagt man, wie ich mal gehört habe, stattdessen: «Er stellt einem Affen eine Leiter hin.» Diese Redewendung hat mich gleich ziemlich erheitert, weil sie so plastisch und lustig ist. Ja, wie dumm wäre es, einem Affen eine Leiter hinzustellen. In meiner Begeisterung habe ich dieses Bild gleich angewendet.

Das war, als ich dem Präsidenten einer großen Einrichtung schrieb, um ihn auf ein Problem aufmerksam zu machen. Entschuldigend fügte ich hinzu, meine Ratschläge nenne man wohl «Eulen nach Athen tragen» oder, wie man in Sri Lanka sage, «einem Affen eine Leiter hinstellen». Bei unserer nächsten Begegnung äußerte er sich nur knapp: «Also, das mit dem Affen, ich weiß ja nicht ...» Mich zu rechtfertigen, das habe ich gar nicht erst versucht.

Sagen wollte ich in meinem Brief, in dem das mit dem Affen stand, dass ich einen Vorschlag mache, den er gar nicht nötig habe. Vergleichen wollte ich den Weitblick und die geistige Beweglichkeit des Präsidenten mit den atemberaubenden Kletterkünsten eines Affen. Eigentlich eine hohe Anerkennung. Aber das mit den Eulen klingt wohl doch harmloser.

Die Bedarfe von Kindern Nicht alles in der Sprache verludert und wird ungenau, im Gegenteil! Es gibt unter uns ebenso die Genauen, die zum Beispiel gern einen Plural einführen, um zu zeigen, dass sie es besser wissen. Die sprechen nicht mehr von der öffentlichen Hand, sondern von den «öffentlichen Händen», weil es ja den Bund, die Länder und die Kommunen gibt. Na, meinetwegen.

Es müsse jetzt, sagte eine Politikerin, «um baldige *Rückzüge* aus der Kohleverstromung gehen». Denn sie wusste eben, einen einmaligen Rückzug wird es vermutlich nicht geben. Aber brauchen wir diesen Plural? Eine Feuilletonredakteurin schrieb, wohl weil das Grauen in der Nazizeit so vielfältig war: «Angesichts *der Grauen*, die von Deutschen ausgingen …» Es hätte, wenn schon Plural, sicher gereicht, von «den grauenhaften Taten» zu sprechen.

Fachleute setzen schon lange Materialien in einen Plural, den es vorher nicht gab: Stäube, Sande, Mehle, Quarze … Das scheint ein Vorbild geworden zu sein. Damit wir uns richtig verstehen: Früher war es anders. Da wurde der Singular im Deutschen vielfach empfohlen. Um einige Wendungen aufzuzählen:

Alle hoben die Hand.
Dieser Kummer brach ihnen beiden das Herz.
Manche haben ihr Leben verloren.
Alle drei bekamen einen roten Kopf.
Sie schüttelten sich die Hand.
Mehrere Blätter brachten das Bild auf der Titelseite.

Heute stünde das wohl alles im Plural – «die Hände», «die Herzen», «die Köpfe» und «die Titelseiten». Schade. Auch heute würde der Singular reichen.

«Die Euro-Länder erreichen ganz unterschiedliche *Niveaus.*» So las man, und ich meine, ein ganz unterschiedliches Niveau hätte auch gepasst. Einmal ging es um Pilgermahlzeiten für Mekka, die aus Berlin geliefert werden, und verlangt wurde Rücksicht auf «die unterschiedlichen *Geschmäcke* von Muslimen in aller Welt». Aber es hätte auch «auf den unterschiedlichen Geschmack von Muslimen» gereicht. Immerhin stand da nicht «Geschmäcker», was man früher im Scherz sagte.

Eine Dezernentin für Jugend schrieb: «Das würde aber nicht

den *Bedarfen* von Kindern entsprechen.» Offenbar Fachsprache, man will zeigen, dass der Bedarf vielseitig ist. Als in Chemnitz 2018 rechter Mob durch die Straßen zog, hörte und las man nachher, viele hätten «Hitlergrüße gezeigt». Schöne Grüße nach Chemnitz, aber es gibt nur den einen, den schrecklichen Hitlergruß, wenn dort leider auch mehrfach gezeigt.

Zugegeben, manchmal muss man ein wenig umformulieren, um beim Singular bleiben zu können, aber mühsam ist es nicht. Hier ein paar Beispiele: «Erlebt hat er in seinem Leben drei große *Lieben* …» Diesen Satz hat ein kluger Sprachforscher verteidigt und hat gemeint, der Plural von Liebe sei etwas «sprachlich oft Notwendiges». Ich meine, es geht auch anders, ganz einfach: «Erlebt hat er in seinem Leben dreimal eine große Liebe.»

Statt «Er hatte mehrere Ehrgeize» könnte man schreiben: «Er hatte einen vielfachen Ehrgeiz.» Doch der Trend zur angeblichen Genauigkeit scheint mächtiger. Ein Politiker forderte, «die Genehmigung neuer *Tagebaue* genau zu prüfen». Man könnte ja auch sagen, jede Genehmigung eines neuen Tagebaus genau zu prüfen.

Doch in wenigstens einem Fall will ich nachsichtig sein. Ein Autor schrieb über einen Regisseur: «Er leidet, man möchte ihn fast in die *Arme* nehmen.» Ja, heute nimmt man dazu wirklich beide Arme.

Was mir als Fremdwort erschien Der Storch wird auch «Adebar» genannt, und ich hielt das lange für ein gelehrtes Wort, weil es so geheimnisvoll klingt. Aber es ist in Norddeutschland ganz volkstümlich und bedeutet wohl «Glücksbringer». Denn für die Germanen war *auda* das Heil, das Glück, und *bera* bedeutete «tragen» oder «bringen», was noch in «gebären» steckt. Dann wäre Adebar also fürs glückliche Gebären zuständig, bringt er doch die kleinen Kinder.

Das Wort «Lackmus» begegnet jedem wohl zuerst im Chemieunterricht beim Lackmustest, weil Lackmuspapier anzeigt, ob eine Flüssigkeit mehr sauer oder basisch ist. Die Endung -us lässt uns zunächst vermuten, dass es sich um ein lateinisches Wort handelt. Es ist aber niederländischen Ursprungs. Auch hat der erste Wortbestandteil «Lack» nichts mit dem Lack zu tun, sondern mit dem Wort «lecken» im Sinne von tropfen. Und der zweite Bestandteil bedeutet «Mus» (wie in «Apfelmus»). Den Farbstoff gewann man nämlich aus Flechten, die wohl zu Mus gestampft wurden. Dann bedeutet das Wort ursprünglich: «Brei zum Benetzen».

Das «Plakat» kam mir ebenso recht fremd vor, schon weil man auch von «plakativ» spricht. Im Französischen heißt es *placard*, und dort kennt man auch die *plaque*, die «Platte». Doch ist das Wort, wie ich nachgeschlagen habe, ebenfalls in den Niederlanden entstanden, und zwar im 16. Jahrhundert beim Kampf gegen die spanischen Besatzer. Da wurden Flugblätter mit Klebstoff an Hauswände und Mauern *geplackt*. Auch im Norddeutschen kennt man das Wort «placken» noch für «etwas hinklatschen» oder «Flecken machen». Die gedruckten Papiere wurden in den Niederlanden *plakatten* genannt und heißen heute im Holländischen *plakkaat*. In Deutschland war es wohl der Satiriker Johann Fischart, der im Jahre 1578 zum ersten Mal das Wort «Plakat» in der Bedeutung von «öffentlicher Bekanntmachung der Obrigkeit» verwendet hat.

Und «stiekum» ist auch nicht Latein. Es bedeutet «heimlich, leise», entstand erst im 19. Jahrhundert und kommt aus dem Rotwelschen, wo *stiekum* «ruhig, leise» bedeutete. Das wiederum stammt aus dem westjiddischen *schtieke*, das abgeleitet ist aus dem hebräischen Wort für «schweigen», *schtika*. Es verhält sich hier also anders als bei dem der Bedeutung nach ähnlichen Adjektiv «klammheimlich». Das stammt aus der Studentensprache und ist wenigstens zur Hälfte Latein. Im Lateinischen heißt *clam* nämlich «heimlich», und klammheimlich wäre also eigentlich «heimlich-heimlich».

Für den saudischen König gesperrt Das unscheinbare Wörtchen «für» kann heutzutage viel und ist beliebt. «Schäuble macht keinen Hehl aus seiner Ablehnung für die AfD.» Ja, ist er denn *für* die AfD? Das kann doch nicht sein! Richtig wäre: «... aus seiner Ablehnung *der* AfD» oder «*gegen* die AfD». Aber so kann man es im Deutschen offenbar nicht mehr ausdrücken. Gelesen habe ich auch von einem «Boykottaufruf für japanische Waren» (wegen des Walfangs), von einem Aufruf also, der sich doch eher *gegen* diese Waren wendet. Noch krasser fand ich: «Beinahe hätte Ali B. seine Anschlagspläne für den Berliner Flughafen Tegel umgesetzt.» Es wäre wohl ein Anschlag *auf* den Flughafen geworden.

Ja, die Präposition «für» verbreitet sich, scheint mir, immer mehr. Schwer zu sagen, woran das liegt. Vielleicht klingt das Wörtchen so positiv und signalisiert: «Ich bin dafür!» Besonders erstaunt hat mich dieser gedruckte Satz: «Das Programm soll für 100 Studenten begrenzt werden.»

Ebenfalls verwenden wir das «für» gern, wenn ein Genitiv genügen würde. Ein Redner ruft mit Schwung: «Grundlage für unser Handeln sind bestimmte Werte!» Ich habe den Eindruck, mit dem «für» will er verstärken, was er sagen will. Dennoch suche ich vergeblich nach dem Grund *für* diese Beliebtheit des «für».

Auch kann man damit den reinen Dativ vermeiden, der oft reichen würde: «Für mich stellt sich allerdings die Frage …» Diese Ausdrucksweise war *für* mich bisher ungewohnt. Doch das Wörtlein fließt leicht ein.

Wahrscheinlich wirkt jeder Ausdruck mit solch einer Präposition deutlicher. So las ich mal: «Für einen Weiterverkauf müsste der Verein zustimmen.» Nein, er müsste wohl eher «*einem* Weiterverkauf» zustimmen. Aber «für» ist eben gerade Mode, und auch ich spüre, wie es mich dazu drängt. Ich sollte also besser niemanden *dafür* kritisieren. Oder – *deswegen*.

Genau, das «für» verdrängt auch das «wegen». Etwa hier: «Er wurde für seine Beißattacke gesperrt.» Gemeint war, man erinnert sich, ein Spieler bei der Fußball-Weltmeisterschaft 2014 in Brasilien. Erwartet hätte ich «*wegen* seiner Beißattacke», aber wir hören dabei wohl: «Das war *für* ihn die Strafe.» Er wurde «*dafür* bestraft», das ist üblich. Aber neuerdings eben auch «*dafür* gesperrt». «Wegen» hingegen ist altmodisch. «Wir bringen Leute nicht für ihre Meinung ins Gefängnis», wurde ein Potentat zitiert.

Sagte ich, «für» breite sich aus? Ach, es wird auch manchmal unterdrückt. In einem Chat über eine echt sehenswerte Pop-Diva stand: «Es gibt User, die sich per Kommentar teilweise *über* die herrliche Rückenansicht bedanken.» Und von einem Wissenschaftler las man, er habe «bereits Substanzen identifiziert, die *zur* Therapie infrage» kämen. Vielleicht kommen sie doch eher *für* eine Therapie infrage, denn sie werden ja nicht selbst therapiert.

Doch «für» kann auch missverständlich sein. Im Jahre 2014 lautete eine Überschrift: «Strand in Südfrankreich für saudischen König gesperrt». Wurde er etwa ausgesperrt? Um Himmels willen, nein! Gemeint war, der Strand sei *für* den König reserviert und alle anderen seien ausgesperrt. Alles für den König! Auch wenn es doppeldeutig wird.

Das Fehlen von Liebe und Sinnlosigkeit Manchmal zeigt sich, dass man ein Wort wiederholen sollte. Über ein berühmtes Dressurpferd und seinen Reiter las man: «Totilas will im Juni wieder im Dressur-Rechteck auftreten – und Matthias Rath im August heiraten.» Es wäre ja so einfach, mal ein Wort zum zweiten Mal zu nennen, aber das ist heute fast verboten. Hätte es geheißen «... und Matthias Rath *will* im August heiraten», wäre das Unglück nicht passiert. Aber zweimal «will» in einem Satz? Da sträuben sich alle Regungen.

Das Folgende stammt aus einer Rezension: «Es geht um Einsamkeit, das Fehlen von Liebe und Sinnlosigkeit.» Ach, andere werden das richtig verstehen, ich nicht! Mir klingt das so, als gehe es um «das Fehlen von ... Sinnlosigkeit». Schon ein wiederholtes «um» könnte den Sinn retten: «Es geht um Einsamkeit, das Fehlen von Liebe und *um* Sinnlosigkeit.» Mir scheint, selbst die Wiederholung einer Präposition ist heute unbeliebt. So nehmen manchmal Nachbarwörter im Satz heimliche Beziehungen auf, obwohl sie es nicht tun sollten.

Gegen solche Verwirrungen hilft es manchmal auch, ein neues Substantiv oder Verb einzufügen. Eine Warnung, vorgebracht von Zahnärzten, lautete: «Chemikalien machen Zähne weiß, aber möglicherweise auch unfruchtbar.» Besser hieße es: «Chemikalien machen Zähne weiß, aber möglicherweise auch *Menschen* unfruchtbar.» Oder man wiederholt eben einfach das Verb: «Chemikalien machen Zähne weiß, aber *sie machen* möglicherweise auch unfruchtbar.»

Ein großer Dichter geriet in einem Bericht in falschen Verdacht. «Daheim fühlt sich Günter Grass, wenn er von seinen Leidenschaften berichten darf: dem Sammeln von Pilzen, dem Kochen von Innereien und Frauen.» Ein neues Substantiv muss her! Also etwa: «... dem Kochen von Innereien und dem *Umgang* mit Frauen.»

Eine Lokalzeitung berichtete: «Der Ingenieur stellte ein Verfahren vor, bei dem rissige Straßen mit Schlaglöchern flächig überzogen werden.» Sehr verwirrend. Man könnte auch hier etwas einfügen: «... ein Verfahren ..., bei dem rissige Straßen mit Schlaglöchern flächig *mit einer neuen Decke* überzogen werden.»

Etwas mehr – schon läuft's.

Wir sollten los Es war schon in früheren Jahrhunderten durchaus schick, sich kurzzufassen, besonders beim Militär. Ein Ausspruch ist mir in Erinnerung geblieben, den König Friedrich Wilhelm III. von Preußen getan haben soll, der Ehemann der beliebten Königin Luise. Deren Schwester war früh Witwe geworden und benahm sich danach etwas unseriös, einschließlich einer unehelichen Schwangerschaft. Der König soll gesagt haben: «Mir fatal.» Kürzer ging es nicht.

Meist muss ein kurzer deutscher Satz nur ein Hilfsverb enthalten («haben», «sein», «sollen», «müssen»), damit er gut klingt: «Der Wagen ist haarscharf an mir vorbei.» «Bond musste dem Flugzeug so schnell wie möglich hinterher.» «Alles muss raus.» «Dann bin ich da rein.»

Drehbuchautoren wissen, dass Dialoge oft nur mit solchen Kurzsätzen echt klingen:

> Wir könnten jetzt.
> Gut. Dann wollen wir mal.

Ja, wir sollten los!
Du bist mir über.

Damit ist man doch mitten im Leben und glaubt den Figuren ihre Worte.

Die Kosten müssen runter.
Mit Sparen ist da nichts mehr.
Das Thema ist durch.
Kann trotzdem dauern.
Die Sache zieht sich.
Meinen Einsatz will ich zurück!
Das Verfahren ist bereits ziemlich weit.
Nicht viel, aber immerhin.

Und da wir schon lange so schreiben, wie wir sprechen, entschuldigt sich ein bekannter Fotograf für seine Bilder schriftlich so: «Ich kann keine anderen.» Man liest auch: «Er hat es nicht so mit der Rechtschreibung.» Und aus der Reportage über den Alltag eines Handelsvertreters habe ich mir dies gemerkt: «Mittagessen? Is' nicht.»

Ja, da fehlt was. Aber sonst – echt munter.

Falsche Bilder So manches sprachliche Bild ist zwar üblich, passt aber nicht so ganz zu dem Inhalt, der vermittelt werden soll. Dazu gehört für mich die Redewendung von den «rechten Rattenfängern».

Wer sie verwendet, denkt offenkundig an die Geschichte aus Hameln. Aber da war der Rattenfänger ja zunächst sehr beliebt und tat Gutes, denn er zog die Ratten aus der Stadt ab. Wer heute einen Neonazi einen Rattenfänger nennt, meint, dieser Anführer locke rechte Ratten an und führe sie zusammen. Wenig schön ist daran auch, dass die Angelockten als «Ratten» bezeichnet werden, ein Vergleich, den man nie auf Menschen anwenden sollte. Aber davon abgesehen, stimmt denn sonst etwas?

Bösartig wurde der Rattenfänger erst, als er Kinder einsammelte und aus der Stadt führte, als Rache dafür, dass er kein Honorar bekommen hatte. Wer heute einen Neonazi als Rattenfänger bezeichnet, will damit wohl sagen, so ein Anführer locke Unschuldige an und verführe sie. Doch nicht als Rattenfänger, nur als Kinderfänger war der Mann in Hameln gefährlich. Und verwenden sollte man das Bild ohnehin nicht.

«Das steht noch in den Sternen!» Die Redewendung scheint mir ebenfalls etwas unlogisch. Zunächst einmal dürften das nur Astrologie-Anhänger sagen, denn man bekennt sich damit zu den Sterngläubigen. Das ginge zwar noch. Aber die wiederum meinen doch, gerade das ganz gewiss Kommende stehe schon lange in den Sternen. Die Redewendung bedeutet aber, die Sache sei noch nicht entschieden, zumindest unklar. Das entwirre einer.

«Das Zünglein an der Waage»: So nannte man früher gern die FDP, weil diejenige Partei an die Regierung kam, mit der sie koalierte. Aber damit wurde die politische Bedeutung der FDP unterschätzt. Denn das Zünglein an der Waage bestimmt nicht den Ausschlag, sondern zeigt ihn nur an. Man hätte wohl besser gesagt, die FDP bestimme, auf welche Seite sich das Zünglein an der Waage neige.

Heute ruft ein Pechvogel (oder wer sich dafür hält) gern: «Und ich hab mal wieder die Arschkarte!» Diese Klage soll zum Ausdruck bringen, man habe schlechte Karten erwischt. Doch das Wort bezieht sich ursprünglich auf die Rote Karte des Schiedsrichters. Die trägt er in der sogenannten Gesäßtasche, während die Gelbe Karte in der Brusttasche steckt. Dieser Unterschied des Ortes muss sein, damit Spieler und Zuschauer gleich sehen können, nach welcher Karte der Schiri greift. Das

Bild von der «Arschkarte» ist deshalb nicht ganz in Ordnung. Sie ist nicht das schlechte Los, das man gezogen hat und über das man jammern könnte. Man bekommt sie nur, so hoffen wir doch, wenn man sie echt verdient hat.

Eine andere bildliche Redensart besagt bei Überschwemmungen: «Teile der Altstadt stehen unter Wasser.» Das Bild könnte so wirken, als würden die Häuser eben unter Wasser stehen; gemeint ist aber, dass allenfalls Straßen und Fußböden unter Wasser stehen. Schön korrekt sagte es mal ein Polizeifachmann: «Die Altstadt steht *im* Wasser.»

Sakrileg und sakrosankt Der frühere Chef von Daimler Dieter Zetsche wurde vom ADAC gefragt, warum Mercedes-Benz seinen Stern doppelt anbiete, groß im Kühlergrill oder klein auf der Motorhaube. Zetsche wollte sagen, dass die Position des Sterns im Unternehmen lange sehr umstritten war, weil für einige Herren der Platz auf der Motorhaube als unveränderlich galt. Er sagte: «Ja, der Stern auf der Haube war für manche ein Sakrileg.» Aber er meinte nicht ein Sakrileg, sondern sakrosankt, also heilig, unantastbar.

Ein Sakrileg ist das Gegenteil, nämlich ein Frevel am Heiligen. Der deutsche Titel eines Thrillers von Dan Brown lautet bekanntlich *Sakrileg*. Und der Auftritt von Pussy Riot in einer Moskauer Kathedrale 2012 galt manch einem ebenfalls als Sakrileg.

Das wird gern verwechselt. Eine Zeitung schrieb: «Bei der Modellpflege des Porsche 911 ist mit dem Sauger ein Sakrileg geopfert worden ...» Gemeint war auch hier: «... etwas Sakrosanktes geopfert worden.» Ein Sakrileg kann man nur begehen, aber nicht opfern.

Um weiterhin von deutschen Automarken zu reden, hier noch zwei andere Aussprüche. «Unsere Aufgabe als Designer ist es, *begehrliche* Fahrzeuge zu gestalten.» So sprach der Leiter Design von BMW und meinte *begehrenswerte* Fahrzeuge. Und der einst allmächtige VW-Boss Winterkorn sagte in einem *Spiegel*-Gespräch: «Aber blaue *Augen* bekommt in einer solchen Krise jeder.» Obwohl man nur *ein* blaues Auge bekommen kann. Zwei blaue Augen bekommt man nicht, die hat man.

Alles teilen, vor allem Fotos «Teilen» als Übersetzung von *to share* ist ein schönes Beispiel dafür, dass das Englische und das Deutsche – bei aller Nähe – doch nicht gleich sind. Man kann zwar in beiden Sprachen sagen: «Er teilte die Pizza mit ihr» *(He shared the pizza with her)*. Man kann in beiden Sprachen auch gut sagen: «Sie teilte nicht die Meinung ihres Mannes» *(She did not share her husband's opinion)*. Doch kann man im Deutschen nicht alles teilen.

Würde man zum Beispiel erzählen: «Ich teilte die Nachricht mit ihm», als Übersetzung von *I shared the news with him,* klänge das merkwürdig. So früh hört also hier die Gemeinsamkeit beider Sprachen auf.

«Schon in den ersten zwei Stunden wurde das Foto 5000-mal geteilt.» Das hat am Beginn des Zeitalters der sozialen Medien nicht jeder gleich verstanden. Wurde das Bild, fragte sich mancher, immer kleiner geschnippelt? Nein.

«Sie hat ihre Portugalfotos geteilt» ist uns längst selbstverständlich geworden, doch ganz natürlich ist es auf Deutsch nicht. Früher war das nicht unser Sprachgebrauch. Da hat man höchstens etwas *mitgeteilt*.

Ebenso ist eine gemeinsam getrunkene Flasche Wein *(a shared bottle)* bei uns keine «geteilte Flasche». Allerdings sagen wir schon immer: «Geteilte Freude ist doppelte Freude.» Und ganz früher hieß es von einem Liebespaar: «Sie haben Tisch und Bett geteilt.»

Eine Schwierigkeit aber hatten wir im Deutschen mit dem Teilen schon immer. Teilen Sie meine Meinung? Dann sind wir uns einig. Doch wenn wir «geteilter Meinung» sind, sind wir uns *nicht* einig.

VI. Wortsalat

Authentisch ist echter als echt Das «Authentische» ist aus den USA zu uns gekommen und hat große Bedeutung erlangt. Dieser Aufstieg lässt sich gut ableiten aus der allgemeinen Sehnsucht nach dem Echten, Ursprünglichen und Unverfälschten, einer Sehnsucht, die im Zeitalter des Artifiziellen und Synthetischen, des Digitalen und Virtuellen verständlich ist.

Das alte deutsche «echt» aber verblasst, und «authentisch» ist – auch in den USA neben *genuine, real, true* – das beliebtere Wort. Zugleich geht «authentisch» heute weit über «echt» hinaus. Wenn man eine Person authentisch nennt, bedeutet das mehr als echt. Wer authentisch sein will, muss nicht nur ganz er selbst (eben echt) sein, sondern auch noch verantwortungsvoll, ja vorbildlich. Jedenfalls, wenn er Politiker oder Politikerin ist. Die sind nur authentisch, wenn sie ein wahres, richtiges Leben führen. Etwas viel verlangt. Unverstellt, ehrlich und natürlich zu sein reicht nicht mehr.

Der Journalist René Pfister meinte, diese Forderung an einen Politiker, er müsse authentisch sein, habe allerdings einen Haken: «Schon in der Formulierung, ein Politiker ‹wirke› authentisch, steckt die ganze Widersprüchlichkeit des Konzepts.» Daher kommt Pfister zu dem Schluss: «So paradox es klingt: Als authentisch gelten vor allem jene Politiker, die das Handwerk der Inszenierung besonders gut beherrschen.»

Da mag was dran sein. Wir nennen ja auch einen Schauspieler echt, wenn er besonders gut spielt.

Hinter verschlossenen Türen Zu den Übertreibungen, die im Deutschen üblich geworden sind, habe ich lange die Redewendung gezählt, eine Runde wichtiger Leute tage «hinter verschlossenen Türen». Das hielt ich für übertrieben, weil diese Türen doch gewöhnlich nur «geschlossen» seien, nicht «verschlossen». Meinte ich.

Doch es gibt ja noch die Fachleute! Wie die das sehen, erfuhr ich, als ich zufällig bei Wikipedia nachsehen wollte, wie ein Türschloss funktioniert. Da wurde auch erwähnt, wie die einzelnen Begriffe festgelegt sind:

«Eine Tür ist *verschlossen,* wenn sie nur durch Drückerbetätigung geöffnet werden kann. Eine Tür ist verriegelt, versperrt, zugesperrt oder *abgeschlossen,* wenn sie zusätzlich durch einen ungefederten, starren Riegel gesichert wird, welcher in eine passende Aussparung in der Zarge greift.»

Aha! Muss man hinnehmen. Schon diese Sprache der Techniker ist ja so hart, dass jeder Widerspruch verstummt. Wer eine Klinke «Drücker» nennt, muss auch sonst recht haben. Und so nahm ich die Einsicht dankbar entgegen: Was ich unter einer «verschlossenen» Tür verstanden habe, ist fachlich ausgedrückt eine «abgeschlossene», die man auch «verriegelt» nennen kann. Die bloß zugedrückte Tür aber ist schon «verschlossen».

Nun fehlt mir nur noch die Aufklärung darüber, was eine ganz einfach «geschlossene» Tür ist. Die scheint es bei Fachleuten gar nicht zu geben.

Amerikanische Redewendungen Es sind von uns derart viele Wendungen aus den USA übernommen worden, dass eine kleine Auswahl hier genügen muss. Man fragt sich zugleich, ob wir eigentlich selbst noch originelle Redewendungen hervorbringen.

Da sind zum einen die Bilder, also Ausdrücke, die einige Anschaulichkeit bringen:

> Kann dem nicht mal einer den Stecker ziehen? *(pull the plug)*
> Die Welt wäre ein besserer Ort, wenn … *(would be a better place)*
> Sie redet mit ihm auf Augenhöhe. *(at eye level)*
> Die Sache hat Fahrt aufgenommen. *(picked up speed, gained momentum)*
> Am Ende des Tages *(at the end of the day)*
> Das ist ab heute Geschichte. *(That's history now.)*

Es kann auch ein einzelnes Wort sein, das wir übernommen oder in unserer Sprache neu belebt haben, weil es uns verlockend schien:

> Eine beachtliche Lernkurve *(learning curve)*
> Eine Frau mit großem Potential *(with great potential)*
> Das steht jetzt im Fokus. *(That is now in focus.)*
> Damit habe ich kein Problem. *(I have no problem with that.)*
> Er hat nur die Option zu zahlen. *(He has no option but to pay.)*
> Das wäre das falsche Signal. *(would send the wrong signal)*

Oft geht es, im Besonderen, um neue Verben, die schlecht und recht ins Deutsche eingebracht worden sind:

> Sie haben sich neu erfunden. *(They reinvented themselves.)*
> Da kann sie punkten. *(She can score there.)*
> Jetzt will er sich noch einmal beweisen. *(prove himself)*
> Wir arbeiten daran. *(We're working on it.)*

Ich sehe ihn nicht in diesem Gremium. *(I don't see him on this committee.)*

Damit kann ich leben. *(I can live with that.)*

Ich brauche Zeit, um mich zu sortieren. *(sort myself out)*

Sie haben ihn längst abgeschrieben. *(They wrote him off.)*

Nun müssen die Grünen auch liefern. *(They must deliver.)*

Ganz besonders charakteristisch scheinen mir Wendungen, die gleichsam Einwürfe sind oder Pointen. Jedenfalls bringen sie Leben in den Satzbau und ein wenig Gefühl.

Gute Frage! *(Good question!)*

Für mich war's das. *(That's it for me.)*

Ein Hindernis? Was für ein Hindernis? *(An obstacle? What obstacle?)*

Diese Legende verhunzen? Keine gute Idee. *(Not a good idea.)*

Also, wo ist das Problem? *(So where's the problem?)*

Und ja, natürlich ist das … *(And yes, surely that's …)*

Er hat keine Chance. So einfach ist das. *(It's as simple as that.)*

Ich habe Fehler gemacht, keine Frage. *(without question, no question about it)*

Ist das erreichbar? Nein, ist es nicht. *(No, it's not.)*

Nicht wirklich *(not really)*

Früher sagte man im letzten Fall «eigentlich nicht» oder «nicht ganz». Es gibt ungezählte weitere Übernahmen aus den USA. Ein paar nenne ich noch zum Schluss, ohne sie einer Gruppe zuzuordnen:

Was macht Sie da so sicher? *(What makes you so sure?)*

Da wollte sie richtig Spaß haben. *(She wanted to really have fun.)*

Es wird eng für ihn. *(It's getting tight for him.)*

Das fühlt sich seltsam an. *(It feels strange.)*

Gewalt kann nicht die Lösung sein. *(can't be the solution)*

Jeder verdient eine zweite Chance. *(Everyone deserves a second chance.)*

Das hat gefühlte 150 Jahre gedauert. *(It took what felt like 150 years.)*

Was genau meinen Sie damit? *(What exactly do you mean?)*

Wahrscheinlich, wie gesagt, alles Immigranten. Damit zeigen wir doch wieder unsere schöne Willkommenskultur.

Wendungen, von uns selbst erfunden Aber so ist es ja auch wieder nicht, dass uns Deutschen keine neuen Redewendungen mehr einfallen! Es gibt eine Reihe, die ich meinen Expertinnen aus den USA vorgelegt habe und die sie nicht kannten. So darf man vermuten, dass wir sie nicht importiert haben.

Wirklich gelungen ist das neue Wort «fremdschämen», womit man andeuten will, dass man sich für jemand anders schämt. Das Gefühl kennt man schon länger, aber das Wort ist neu. «Wie aus der Zeit gefallen» klingt romantisch und ist auch durchaus nachsichtig formuliert, ein freundlicher, viel gebrauchter Ausdruck. «Das ist eine seiner vielen Baustellen»: Von dieser Redewendung, spätestens seit etwa 2000 üblich, hätte ich gedacht, sie sei ursprünglich amerikanisch, ist sie aber nicht.

«Nun hat er Mühe, das Wort wieder einzufangen.» Auch das ist gelungen und trotzdem deutsch. Dazu passt: «Sie dürfen einen Architekten nie frei herumlaufen lassen.» Ja, sonst muss man auch den wieder einfangen. Vielleicht sollte man diese Wendung mal als Export in den USA anbieten. Oder: «Man muss das nicht eins zu eins umsetzen.» Also nicht so groß wie das Vorbild oder wie geplant.

Hierzulande versteht man auch etwas vom Alkohol. Beliebt ist bekanntlich: «Saufen, bis der Arzt kommt.» Um später zu stöhnen: «Da hatte ich wohl einen Filmriss», also eine Gedächtnislücke. Und weil wir gerade bei den harten Entscheidungen sind, kann ich noch anbieten: «Das kannst du in die Tonne treten», oder: «Der Bewerber wurde schnell entsorgt.»

Doch will ich nicht sagen, dass ich alle diese Redensarten mag, im Gegenteil. Aber kräftig sind sie. Man kann im Deutschen «total neben der Spur» sein und stellt hoffentlich irgendwann fest: «Das hat mich wieder in die Spur gebracht.» Als Bild ist das durchaus treffend. Von einer neuen Spitzenkraft sagt man, sie genieße in den ersten hundert Tagen noch «Welpenschutz». Und von einem Politiker: Manches spiele ihm in die Karten, aber seine Chancen seien überschaubar. Er müsse endlich sein Profil schärfen. Klare Ansage: «Nein, er ist nicht in der Lage, diese Arbeit zu stemmen.» Aber er selbst sagt: «Da geht noch was.» Nun findet er aber in der Boulevardpresse statt. Das ist total daneben.

Auch mit diesen deutschen Erfindungen ist man ganz gut unterwegs.

Vorbehaltlich einer diesbezüglichen Regelung Wenn Sie lernen wollen, wie man sich amtlich korrekt ausdrückt, kann ich Ihnen ein paar Tipps geben. Am besten wäre es, wenn Sie schon immer «das *beinhaltet* …» gesagt und geschrieben haben. Mit diesem Verb sind Sie mitten drin im Amtsdeutsch, vielleicht ohne es bisher gemerkt zu haben. Die Floskel wird von Boshaften absichtlich als «das bein-haltet» falsch gelesen, aber zu diesen Verächtern staatlicher Selbstdarstellung wollen Sie ja nicht gehören.

Auch andere recht blasse Verben sollten Sie unbedingt kennen. «Wir *benötigen* noch folgende Nachweise» (statt «brauchen»).

«Das *ermöglicht* ein weiteres Vorgehen.» Oder: «Es geht um Aussagen, die Sie *getätigt* haben.» Wunderbar, das ist der echte Sound.

Nun wollen Sie vielleicht einen Brief (amtlich: ein «Schreiben») beginnen und wissen einfach nicht, wie so ein Amtsleiter das anstellt. «*Antwortlich* Ihres Antrags …» Da haben wir es doch! Die Wörter auf -lich sind mit dem absoluten Stallgeruch des Amtsschimmels ausgestattet: «*hinsichtlich* Ihrer Anfrage», «*ausweislich* der Akten», «*rücksichtlich* Ihrer Umstände», «*bezüglich* des weiteren Verfahrens» oder «*vorbehaltlich* weiterer Regelungen». Das passt immer und bietet einen scheinbar präzisen Bezug.

Am meisten zu empfehlen ist aber «diesbezüglich», weil man es überall einstreuen kann und damit übermäßig genau wirkt. «Dann melde ich mich diesbezüglich wieder bei Ihnen.» Das Wort kann man diesbezüglich immer verwenden und wird damit diesbezüglich garantiert Erfolg haben.

Jetzt nehmen wir mal an, Sie müssten sich als Amtsperson rechtfertigen und erklären, dass Ihnen ein Vorgehen, das man von Ihnen erwartet, unmöglich scheint. Da rate ich zu folgenden Auskünften: Sie seien «terminbedingt» oder «situationsbedingt» verhindert. Auch «wetterbedingt» klingt gut. Ebenso schön ist der Hinweis, der Zug komme «signalbedingt» zum Halten. Das erklärt alles, ohne unnötig viel preiszugeben.

Gewiss ist auch an die Substantive zu denken, erst sie geben Ihrer Darstellung das Amtliche. Packen Sie alles, was Sie sagen wollen, in Substantive! «Die *Kostentragung* betreffend ergibt sich, trotz grundsätzlicher *Infragestellung*, ein Problem der *Durchführbarkeit*.» So in dem Sinne.

Das Amtsdeutsch verwendet, um als genau zu erscheinen, gern auch unnötige Hinweiswörter, denn erst dadurch kommt *selbiges* voll zur Geltung. Das ist *seitens* der Beamten erwünscht und wird *amtsseitig* auch tatsächlich so gehandhabt.

Dem habe ich *meinerseits* nichts hinzuzufügen und hoffe, dass *Ihrerseits* nun Klarheit herrscht. Vor die Wahl gestellt, amtlich oder privat zu wirken, sollten Sie, meine ich, *Letzteres* unbedingt vorziehen.

Recht missverständlich: Common Sense Eine junge Journalistin wollte wohl zum Ausdruck bringen, dass etwas inzwischen allgemeine Meinung sei, drückte es aber auf Neudeutsch so aus: «Das ist jetzt Common Sense.» Und damit ist sie nicht allein, dieser Sinn findet sich auch sonst in der Presse. Ein deutsches Missverständnis offenbar. Denn «Common Sense» heißt nichts anderes als «gesunder Menschenverstand» und «gutes Urteil». So definiert es auch das *Oxford American Dictionary: good sense and sound judgment in practical matters.*

Doch auch der großartige Journalist Claus Kleber, der fünfzehn Jahre Korrespondent in den USA war, sagte, als er 2014 vom *Spiegel* interviewt wurde, über die Pflichten der Gremienmitglieder des ZDF: «Dieses Ehrenamt bekommst du, damit du am ‹common sense› unserer Gesellschaft mitarbeitest.» Wirklich?

Da scheint mir die Bedeutung «Gemeinsinn» mitzuklingen, und wer mal Latein gelernt hat, kennt den *sensus communis.* Das ist genau dieser Gemeinsinn – nur dass der englische Common Sense sich davon unterscheidet.

Schon gar bei dem bedeutenden Sozialphilosophen Jürgen Habermas darf man vermuten, dass das Lateinische und damit der *sensus communis* durchschimmert. Er schreibt gern vom Common Sense, und es klingt bei ihm dann so, als meine er eine verbreitete vernünftige Ansicht, die gesellschaftlich vermitteln kann. Damit rückt der «Commonsense» (bei ihm auch so geschrieben) in die Nähe des Gemeinsinns als Ergebnis eines «öffentlichen Diskurses».

Nun ja, lassen wir den großen Mann gelten, doch eine gewisse Ausweitung der Bedeutung des englischen Wortes kann man auch bei ihm kaum leugnen. Das einzusehen rät uns – der Common Sense.

Wegen meinem Unfall Ich merke es an mir selbst: Der Dativ nach «wegen» ist im Kommen. Und das kann wegen mir auch so bleiben. Nein, das sollte ich hier nicht so hinschreiben, denn gerade das sage ich gewöhnlich nicht. Lieber: «meinetwegen». Aber sonst schon «wegen dem schönen Wetter». Ich muss nur aufpassen, dass mir das nicht allzu oft passiert.

Um hier nur eine einzige Gewährsperson anzuführen: Die fast immer korrekte Nachrichtenmoderatorin Petra Gerster sagte einmal im Fernsehen: «Die Deutschen kaufen kaum Elektroautos wegen den Kosten.» Das scheint jedem ganz normal – und ist es inzwischen auch. (Richtig gewesen wäre aber «wegen *der* Kosten».)

Wegen dieses neuen (leider falschen) Dativs bei «wegen» gibt es die weitverbreitete Sorge, der arme Genitiv sei der große Verlierer unter den Fällen. Das stimmt aber nicht, jedenfalls nicht bei den Präpositionen, die ihn bislang «beherrschen». Nur bei «wegen» wird ihm gerade etwas weggenommen. Dafür hat er vor etwa 150 Jahren «trotz» für sich gewonnen, trotz dem noch immer üblichen Wort «trotzdem» (das den alten Gebrauch zeigt) und trotz dem Dativ, den wir nach dem Verb «trotzen» verwenden: «Sie trotzte dem Schicksal.» Seit etwa dem Jahre 1850 sagt man üblicherweise «trotz des Wetters». Der Genitiv als Sieger!

Zur gleichen Zeit kaperte der Genitiv auch die Präposition «dank». Seitdem kann man sagen «dank eines Zufalls», wo der Dank doch den Dativ kennt: «Ihm sei Dank.» Der Genitiv klang wohl vornehmer.

Tatsächlich, wir müssen uns kaum Sorgen um den Genitiv machen, denn die Gruppe der Präpositionen, die ihn nach sich ziehen, bleibt die zahlenmäßig größte. Allerdings werden die meisten dieser Genitivpräpositionen in der gesprochenen Sprache wenig verwendet. Sie kommen umso mehr in schwierigen und hässlichen Texten vor. In der Umgangssprache hingegen werden (außer den genannten «wegen» und «trotz») nur noch drei häufig gebraucht: «*statt* einer Anzahlung», «*während* der Ferien» und «*zugunsten* der deutschen Sprache».

In hochgestochenen Texten trifft man die Präpositionen mit Genitiv, wie gesagt, umso häufiger an:

angesichts ihrer Lage
anhand meiner Unterlagen
anlässlich Ihres Geburtstages
anstelle einer Anzahlung
aufgrund der Vorgeschichte
dank seiner Hartnäckigkeit
infolge eines Unfalls
kraft ihres Amtes
laut der Vorschriften
mangels eines Beweises
mithilfe des Navis
mittels ihrer Nachforschungen
zwecks einer Tombola

Diesen Überblick wollte ich Ihnen nur geben, damit Sie einen Eindruck von dieser gehoben klingenden Sprache bekommen. Hier ist der Genitiv zu Hause, und von daher rührt sein elitäres Image.

Außerdem gibt es einige Präpositionen mit Genitiv, die den Ort oder die Lage benennen und die kurz noch erwähnt seien:

nördlich, östlich, südlich, westlich, seitlich,
außerhalb, innerhalb, oberhalb, unterhalb,
abseits, beiderseits, diesseits, jenseits, längs, inmitten, unweit

Wirklich, der Genitiv ist der König unter den Fällen. Das liegt auch daran, dass es in der Juristen- und Amtssprache von Genitivpräpositionen wimmelt. Ich geniere mich etwas, Ihnen auch die folgenden noch zu nennen, aber vielleicht mögen Sie einen kurzen Blick in diese sonderbar abschreckende Welt tun: «abzüglich», «ausschließlich», «ausweislich», «betreffs», «eingangs», «seitens» … und so weiter.

Dass dem Genitiv dafür die Präposition «wegen» gerade abhandenzukommen scheint, geschieht ihm Recht, finde ich – wegen seinem elitären Auftreten.

Warnen oder mahnen In einem Bericht über das Flugzeugunglück, bei dem eine polnische Delegation und der Staatspräsident auf dem Weg zu einer Gedenkveranstaltung umkamen, stand: «Die russische Luftwaffe warnte den Piloten davor, in Smolensk *nicht* zu landen.» Das «nicht» sollte hier besser fehlen, eigentlich weiß man das ja auch. Die Luftwaffe warnte den Piloten davor zu landen. Denn «warnen» heißt «abraten».

Als der forsche junge FDP-Chef am Beginn des Jahres 2018 zu selbstherrlich wurde, soll sein Stellvertreter ihm einen Rat erteilt haben: «Kubicki warnte Lindner, sich *nicht* nur mit ‹Speichelleckern› und ‹Jasagern› zu umgeben.» Journalisten neigen dazu, nach «warnen» ein «nicht» einzuschmuggeln. Diese Vorliebe stammt wohl auch daher, dass es nicht mehr üblich ist, zunächst ein «davor» einzufügen. Der Lapsus wäre vermutlich nicht passiert, wenn der Journalist geschrieben hätte: «Kubicki warnte

Lindner *davor*», sich nur mit solchen Leuten zu umgeben. Und außerdem ist im Englischen, unserem ewigen Vorbild, ein *not* üblich, das abgefärbt haben wird: *They warned people not to keep cash in their homes.*

Im Alltag macht man es meist richtig und sagt: «Seine Frau warnte ihn davor, bei Glatteis zu schnell zu fahren.» Ähnlich ist es mit Verben wie «sie untersagte ihm», «sie verbot ihm», … Aber sie «*riet* ihm, *nicht* zu schnell zu fahren». In der Griechenlandkrise habe ich jedoch gelesen: «Finanzminister Schäuble *warnte* die Griechen, ihre Sparauflagen zu erfüllen.» Nein, die sollten die Griechen ja erfüllen, also brauchen wir in diesem Fall ein «nicht».

Nun zum Verb «mahnen», das leider fast die gegenteilige Bedeutung von «warnen» hat. Über die Sitzung eines Rundfunkrates war zu lesen: «In bemerkenswerter Offenheit *mahnten* die Mitglieder eine immer oberflächlichere Auslandsberichterstattung an.» Doch nach «mahnen» muss – anders als beim Warnen – gerade das genannt werden, was man haben will. Es hätte also zum Beispiel heißen sollen: «Die Mitglieder mahnten eine *intensive* Auslandsberichterstattung an.»

Gut ist ein Satz wie: «Der Tischler mahnte die Begleichung der Rechnung an.» Aber uns beschäftigen hier ja Unglücksfälle – wie dieser Satz über die bekannten Naturschützer: «Der WWF mahnt die Ausrottung der Thunfische im Meer an.» Besser wäre es gewesen zu schreiben: «Der WWF mahnt die *Einhaltung* der Fischereiquoten an.» Oder: «Er *warnt* vor der Ausrottung der Thunfische.»

Doch ich vermute, manche von uns hören beim Verb «mahnen» die Mahnwache mit, und da klagt man ja tatsächlich an. Etwa so: «Der WWF hält eine Mahnwache wegen der Ausrottung der Thunfische.»

Das schönste deutsche Wort Wir Deutschen können unseren Wortschatz in überraschendem Licht sehen, wenn wir hören, was Ausländer als ihre deutschen Lieblingswörter nennen. Von einigen solcher Wörter war schon in einem früheren Kapitel die Rede. Aber auch, was Deutsche angeben, lässt uns manches Wort neu entdecken. Im Folgenden fasse ich zusammen, was eine internationale Umfrage des Goethe-Instituts zum «schönsten deutschen Wort» erbrachte, deren Ergebnis Jutta Limbach 2005 herausgegeben hat.*

Um die Fülle der Einsendungen etwas zu ordnen, habe ich Gruppen gebildet und die Begründungen stark gekürzt. Fangen wir an mit der Wortgruppe, die man mit *«Gefühl»* überschreiben könnte:

«Geborgenheit» nannte eine Einsenderin als Lieblingswort mit der Begründung: «In meiner slowakischen Sprache kann man dieses Gefühl nicht so in Worte fassen.» «Wehmut», da gebe es sogar ein bisschen melancholische Heiterkeit; das Wort klinge sehr sanft, hieß es aus Finnland. «Gemütlichkeit» nannten zwei Einsendungen aus den USA. Das Wort sei ins Englische nicht leicht zu übersetzen, da brauche man mehrere Sätze, diese Atmosphäre müsse man erleben.

Genannt wurde auch das Wort «Weltschmerz», das eine besondere Blüte am Baum der deutschen Sprache sei. «Sehnsucht» verbinde das Verlangen mit einer Krankheit, ein Widerspruch, der durch den Stabreim vereint werde. «Fernweh» sei das Wort, «das ich lebenslang gesucht habe», hieß es aus Spanien. «An-

* «Das schönste deutsche Wort». Eine Auswahl der schönsten Liebeserklärungen an die deutsche Sprache – zusammengestellt aus den Einsendungen zum internationalen Wettbewerb «Das schönste deutsche Wort», hg. von Jutta Limbach, Ismaning 2005.

stand» sei ein einfaches Wort mit immenser Tragweite, und «Anmut» habe einen zart beschwingten Zweiklang, «hauchhaft fast».

«Herzblut» nannte der deutsche Schriftsteller Feridun Zaimoglu. «Wer es dran gibt, setzt das Äußerste aufs Spiel. Es war eins der ersten Worte, die ich als Kind immer und immer wieder laut aufgesagt habe.» «Lichtung», so kam es aus den USA, «das zeigt im deutschen Walde ein kleines lichtes Stückchen und den dunklen Wald rund herum.» «Liebkosen», da kapituliere der Verstand, die Ironie schwinde, und die Arroganz knie. Genannt wurde auch «Augenstern» – Kraft und Sanftheit der deutschen Sprache.

Viele Einsendungen rühmten den *Klang* eines Wortes, ich fasse sie zusammen in meiner zweiten Gruppe:

«Schlucht»: ein zutiefst deutsches, romantisches Wort. Eine Schlucht stürzt senkrecht ab, ein Canyon schlängelt sich. Sieben Konsonanten um ein «u» – konkrete Poesie. «Funkeln»: ein Wort aus dem Märchen, wenn es um Schätze geht, es führt vom dunklen «u» zum helleren «e», und mit einem weichen «ln» endet es. «Rascheln»: geheimnisvoll, unheimlich und heimelig zugleich. Es strahlt die Ruhe von steifem Taft aus. «Quatsch»: Das hört sich an, als trete man auf etwas und es komme an den Seiten wieder heraus.

«Zärtlich»: Keine andere Sprache, schreibt die deutsche Journalistin Mithu Melanie Sanyal, drücke die sanfte, vorsichtige, liebevolle Annäherung so treffend lautmalerisch aus. «Behutsam» nannte jemand als Lieblingswort, weil «mir diese Haltung gefällt: vorsichtig, weich, sorgfältig, achtsam. Das ‹h› darin lässt uns das Wort ebenso behutsam aussprechen.»

«Streicheleinheiten»: als könnte man das Streicheln abmessen – leichte Ironie also. Immerhin gibt es das Wort nur im Plural. Und es hat dreimal «ei». «Wem's da nicht wohlig den Rücken runterläuft.» «Hintergrundrauschen»: Da stimmen Klang und Wortsinn fast poetisch überein. «Landebahn» wiederum ist mit seinem Silbenklang ein sanftes Aufsetzen und Ausrollen. Klang und Bedeutung sind eins.

Die *lautmalenden* Wörter sind meine dritte Gruppe. Auch sie wurden oft genannt.

«Wirrwarr», weil es das Chaos auch in Sprache fasst, herrlich anschaulich. «Kunterbunt» hingegen macht das Chaos erträglich. «Kuddelmuddel» war ein Lieblingswort, weil Kuddel und Muddel wie zwei Clowns sind, die beide feixen.

«Wonneproppen»: Lautmalerisch unterstreicht es die Bedeutung, «Wonne» ist weich, «Proppen» ist prall. «Tausendsassa»: Schon die Melodie des Wortes zeigt, was gemeint ist. «Luftikus» bringt durch seinen Klang und Rhythmus die schwebende Leichtigkeit zum Ausdruck.

«Zipperlein» wirkt lautmalerisch, und wenn man es zu sich selbst sagt, ist der Schmerz nur noch halb so schlimm. «Kinkerlitzchen»: zu lang für die gemeinte Leichtigkeit, deshalb witzig, und ein mächtiges Wort, weil es Dünkel vertreiben kann. «Purzelbaum»: ein heiteres Versprechen – ein Kind purzelt als Baum und zaubert ein Lächeln.

Liest man das, werden einem viele vertraute Wörter in neuem Glanz erscheinen.

Noch mehr schönste Wörter Aus der genannten Umfrage folgen hier weitere Einsendungen, die wieder von Deutschen und Ausländern stammen. Erneut habe ich sie in Gruppen zusammengestellt in der Hoffnung, dass sie dadurch noch besser zur Geltung kommen.

Die *Zusammensetzungen* bilden hier meine erste Gruppe, und

für die ist das Deutsche zu Recht bekannt. In kaum einer anderen Sprache kann man Hauptwörter so gut miteinander verbinden.

«Zeitraum» nannte ein deutscher Naturwissenschaftler in den USA als Lieblingswort: Zwei einfache Begriffe würden zu einem neuen Begriff gefügt; das Deutsche erlaube mehrdimensionales Denken. Aus Kanada wurde von einer Hörerin der Deutschen Welle eingesandt: «Vorstellungsvermögen», denn das Wort zeige die Kraft der Sprache, sich eine bessere Welt einzubilden. Jemand nannte «Stolperstein» und schrieb, er sehe sich stolpern, sehe den Stein an und merke, es ist nur eine Metapher.

«Geistesgegenwärtig»: zwei gewichtige Wörter, verbunden in Alliteration (Stabreim). Ausgesprochen, schmecken die beiden Wörter wie Wein in der Kehle. «Geistesblitz»: Das bildet das Neuronenfeuer im Gehirn trefflich ab; «es zeigt die Wucht und Unberechenbarkeit von Einfällen». Und «Himmelszelt» gibt ein Gefühl der Geborgenheit.

Typisch deutsch ist es wohl auch, wenn Dinge recht anschaulich und exakt benannt werden. Diese *Genauigkeit* ist meine zweite Kategorie:

«Staubsauger» sandte jemand aus Großbritannien ein, weil das Wort exakt sagt, was das Ding tut. «Zeitlupe», das ist bildhaft und treffsicher, verglichen mit *slow motion,* die Entdeckung der Langsamkeit. «Sollbruchstelle» ist unglaublich deutsch «in seiner Exaktheit und Anmaßung».

«Auslegeware» sei «mein schönstes deutsches Wort», schrieb Loriot, es könne «als Charakterisierung des Deutschen in Schlichtheit, Korrektheit, aber auch Großzügigkeit nicht übertroffen werden». «Verrückt» nannte jemand, denn es sei doch schön, wenn nicht alles gerade sei. «Umgekehrt»: Das sei die Schaltstelle, an der die Perspektive umspringt.

«Augenblick» klingt sinnlicher als der «Moment», den es ersetzen sollte. «Unterheben» – kaum ein Backrezept kommt ohne dieses Wort aus. Heben geht eigentlich nach oben, hier jedoch nach unten. Diese Worterfindung ist kreativ und lustig. «Erinnern» heißt, einer Sache inne werden, es wird innerlich.

Dass mehrere recht *unscheinbare* Wörter eingesandt wurden, hat mich zuerst gewundert. In ihrem Witz oder in ihrer Klugheit werden sie wohl leicht unterschätzt und bilden nun meine dritte Gruppe:

«Obschon» macht auf schöne Weise nachdenklich. «Immerhin» zollt Anerkennung, leicht ironisch und mit subtilem Humor. «Vielleicht» wurde aus vier Ländern eingesandt, so oft wie kein anderes Wort – weil es gleichzeitig die Fülle und die Leichtigkeit enthält. «Eigentlich», oft geschmäht als überflüssig, zeigt, was einer Sache eigen ist.

«Plötzlich» ist frech, verlangt Aufmerksamkeit, verheißt ein Abenteuer. Es macht sich lustig über uns. «Halbwegs» ist kurz, unscheinbar und doch hintergründig, denn was ist im Leben nicht halbwegs? Und «wahrscheinlich» macht eine Aussage weniger resolut, schrieb eine Ludmilla Seikowa aus Russland.

An einigen deutschen Wörtern wurde ihre *liebenswerte Nachsicht* gerühmt, und das hat mich – bei unserer deutschen Strenge – besonders erfreut. Sie bilden meine vierte Gruppe:

«Vollschlank»: In keiner anderen Sprache gibt es eine liebevollere Bezeichnung für Fettleibigkeit. «Geheimratsecken», als Zusammensetzung sehr deutsch, verleiht einer Schwäche Erhabenheit. «Kulturbeutel» lässt schmunzeln, ist spießig und anrührend. «Plaudertasche» ist ein hübsches Wort (übrigens weiblich) für eine nicht immer günstige Eigenschaft. Und «Habseligkeiten» hat einen freundlich-mitleidigen Unterton und lässt geringen Besitz liebenswert erscheinen.

«Sinneswandel» wurde genannt als lustvolle Schwester der Meinungsänderung. «Sich auseinandersetzen» verbindet eher, denn «auseinander» bedeutet hier «miteinander». «Saumselig», das ist, hieß es aus den USA, selbstvergessener Müßiggang aus alter Zeit. «Trödeln» bedeutet, sich ein Innehalten zu gönnen, und ist nicht wirklich übersetzbar, typisch deutsch.

«Schlaraffenland» wurde eingesandt aus den Niederlanden, Thailand und Weißrussland. Der Ausdruck sei bildkräftig, fröhlich und oft zu verwenden, ein ganz eigenes deutsches Wort. «Erfahrungsschatz», das ist der innere Schatz der Subjektivität. «Mitgefühl» zeigt noch mehr Zuneigung als das Wort «Sympathie». Und «schlaftrunken»: Da erkennt man die Romantik der deutschen Sprache.

Das waren die Wörter, die ich gern an Sie weiterreichen wollte.

VII. Alles klar. Kein Problem

Sanktionieren Unter Juristen gilt dasjenige als «sanktioniert», was Gesetzeskraft erlangt hat oder auf andere Weise öffentliche Geltung besitzt. Ganz anders die Soziologen (und andere Bildungsbürger), die unter «sanktioniert» verstehen, dass etwas mit Strafe belegt ist. Es sind also zwei ganz verschiedene Bedeutungen. Um es salopp zu umschreiben: wie absegnen und abstrafen.

Da muss man also raten, was jemand meint, der – um ein Beispiel zu nennen – sagt, in Thailand sei Homosexualität sanktioniert. Das verstehen Juristen anders als unsereins. Und solch ein Satz ist nicht nur im Deutschen doppeldeutig, sondern wäre es auch im Englischen. Das Verb *to sanction* bedeutet nämlich entweder, dass eine offizielle Erlaubnis gegeben oder dass eine empfindliche Strafe verhängt wird.

Ähnlich ist es auch im zugrunde liegenden französischen und lateinischen Sprachgebrauch. Man kann daran ganz tiefsinnig erkennen, wie nah sich «bestätigen» und «bestrafen» sind. Das lateinische Wort *sacer* bedeutet entweder «heilig und ehrwürdig» oder «verflucht und abscheulich». Erstaunlich in seiner Gegensätzlichkeit. Ebenso meint das davon abgeleitete lateinische Verb *sancire* einerseits «heiligen, durch Weihe festsetzen» oder «gesetzlich bekräftigen» wie andererseits «bei Strafe verbieten». Ja, an diesem leicht schizophrenen lateinischen Erbe tragen Europas Sprachen bis heute.

Im Englischen kommt es sogar noch schlimmer. Denn dort ist nicht nur das Verb doppeldeutig, sondern auch das Substantiv. Das englische *sanction* bedeutet entweder eine «Strafe» *(penalty)* oder eine «Erlaubnis» *(permission)*. Ganz so arg ist es im Deutschen nicht. Das Substantiv «Sanktion» ist bei uns *nur* eine Strafe, keine Erlaubnis. Wer Sanktionen ankündigt, der droht.

Und tut es wenigstens eindeutig.

Die Sonne ist schuld. Und der Computer Woran liegt es eigentlich, wenn die Sonne «nicht scheint»? Tatsächlich scheint sie ja immer, in gewisser Weise sogar nachts, nur auf der anderen Seite der Erde. Und wenn sie sich tagsüber nicht zeigt, dann hindern Wolken sie daran, zu uns vorzudringen. Schuld an einem trüben Tag ist nicht sie. Es sind die Wolken.

Doch im Wetterbericht manches lockeren Radiosenders heißt es gern: «Die Sonne lässt sich heute nur selten blicken.» Offenbar wird die Sonne wie eine Diva gesehen, die launisch ist und nicht immer Lust hat aufzutreten. Die alte Dame (sie ist ja noch älter als die Erde) tut mir leid, ständig gibt sie sich Mühe, uns zu erwärmen und uns den Tag schön hell zu machen. Nur danken wir es ihr nicht so ganz und machen sie verantwortlich für graue Tage, wo sie doch keinerlei Schuld trifft.

Damit könnte meine kleine Betrachtung unseres Sprachgebrauchs schon zu Ende sein … Die Ehrenrettung der Sonne ist hoffentlich gelungen. Aber da wäre noch eine andere Ehre zu retten – vielleicht darf ich das noch anhängen. Es geht mir um den Computer.

Den Computer? Ja, ausgerechnet. Denn der erscheint uns ebenso als eine Person, wenn wir sagen: «Der Computer hat das so berechnet.» Und unsere Sprache gibt ihm gern die Schuld, wie der Sonne. «Aufgrund einer Computerpanne …», heißt es, wenn etwas schiefgelaufen ist in der Wirtschaft oder der Verwaltung.

Auch der Computer wirkt auf uns eben recht dominant. Heute rechne, sagt man, «ein Computer» etwa die Käufe am Aktienmarkt in Bruchteilen von Sekunden aus und veranlasse Milliarden von Handlungsimpulsen, was auch zum Bankenkrach 2008 geführt habe. Ein Computer? Das war eher die Software, die von Experten riskant entwickelt und von Händlern leichtfertig eingesetzt wurde. Es ist ein menschengemachtes Programm, das das Unglück angerichtet hat.

Wahre Fachleute kennen ihre Verantwortung. Satya Nadella, seit 2014 Boss von Microsoft, äußerte sich so in einem Interview: «Man kann nicht einfach sagen: ‹Hey, wir können nichts dafür, was die künstliche Intelligenz da macht, das sind nur Algorithmen, die aus Daten geformt werden.› Nein, wir treffen die Entscheidungen, die zu diesen Algorithmen führen, also müssen wir auch verantwortlich sein.»

Genau. Und wenn «der Computer» mal wieder nichts taugt, waren es wohl in Wirklichkeit die Programmierer, diese Wolken am Himmel unseres Missvergnügens.

Ich möchte: Wie ein Verb erfunden wurde Im Kaiserreich, vor mehr als 120 Jahren, hat sich ein neues deutsches Verb gebildet. Stellen wir uns eine Familie beim Frühstück vor, wobei die Jüngste sagt: «Ich will noch ein Brot.» Und sie bekommt zu hören: «Das heißt nicht ‹will›!» Wie aber sollte man seinen Wunsch richtig äußern?

Gegangen wäre schon damals «Ich mag noch ein Brot», aber das klang eher nach einer Vorliebe («Ich mag Kuchen»). Und so hat sich, man weiß nicht, wie, aus dem Verb «mögen» und seinen Formen («ich mag, du magst, wir mögen») eine sonderbare neue Verbform entwickelt. Genauer gesagt wurde sie einem Konjunktiv dieses Verbs entnommen, wie er in dem Satz «Das möchte gehen» vorkommt (der bedeutet dasselbe wie «Das würde gehen mögen»). Dieses «möchte» wurde zur Keimzelle des neuen Verbs.

Seither kann man sagen: «Ich möchte», neben allen Formen, die daraus folgen: «du möchtest, er möchte, wir möchten, ihr möchtet, sie möchten ...» Mit diesem – ebenso unbewusst wie kunstvoll erschaffenen – neuen Verb drücken wir seitdem unsere Wünsche aus. Am Frühstückstisch hörte man jetzt: «Das heißt nicht ‹Ich will›, das heißt ‹Ich möchte›!»

Die Neuschöpfung war praktisch und erfüllte ein Bedürfnis. Nun konnte man Wünsche eindeutig äußern, was mit den Verbformen von «mögen» nicht so gut ging. Doch der neue Spross am Stamme «mögen» bringt auch Verwirrung. Das neue Verb kennt zum Beispiel keinen Infinitiv (der müsste «möchten» heißen, aber es gibt ihn nicht).

Das alte «mag» und «mögen» ist uns zwar nicht mehr ganz geläufig, doch gehen uns einige Formen noch gut über die Lippen: «Wir mögen Brahms. Ständig? Ja, das möchte wohl sein, denn wir mochten ihn schon immer.» Alles gut.

Der deutsche Formenreichtum! Aber das damals neu entstandene Verb, das mögen wir auch – und möchten es nicht mehr missen.

Trennungsgerüchte von seiner Frau Eine Gartenausstellung warb mit dem Hinweis, sie biete «Teakmöbel aus kontrolliertem Anbau». Man sieht es vor sich, wie Möbel nun schon im Wald oder auf dem Feld wachsen. Sogar im kontrollierten Anbau! Es hätte wohl besser heißen sollen: «Möbel aus Teakholz aus kontrolliertem Anbau». Aber das klingt umständlich.

«Es gab Trennungsgerüchte von seiner Frau.» Auch dabei ist mancher Leserin und manchem Leser etwas unwohl. Sind das denn «Gerüchte von seiner Frau»? Nein, da ist nur etwas schief. Im Radio habe ich auch mal den Satz gehört: «Wir müssen alles vermeiden, was zu einer Belastungsfrage mit Polen führen könnte.»

Bei diesen Beispielen wird eine alte Regel nicht mehr eingehalten, und wir können uns fragen, ob sie noch besteht. Sie besagte, dass bei zusammengesetzten Wörtern wie «Belastungsfrage» sich die angeschlossene Konstruktion «mit Polen» auf den zweiten Bestandteil, also «-frage», beziehen sollte. Und das klappt hier nicht, denn dann ergäbe sich eine «-frage mit Polen». Das kann nicht gemeint sein. Gemeint ist vielmehr die «Belastung … mit Polen».

In einer TV-Sendung hörte man live: «Eine Gedenk*stätte an* die Menschen, die hier starben.» Oder ich las von einem «Gedenk*konzert an* den toten Maestro». Doch es ging ja nicht um ein «Konzert an den toten Maestro».

Manches aber stört uns kaum. In einem Bericht über Transplantationen stand: «Zwölf Jahre Warte*zeit auf* ein neues Organ». Meinetwegen, doch eine schlichtere Formulierung wäre ganz unfallfrei gewesen: «Zwölf Jahre Warten auf ein neues Organ».

Harmlos scheint mir auch: «Ermüdungs*probleme des* Materials». Oder «Jahrelang herrschte faktisch ein Abschiebe*stopp an* den Hindukusch». Oft nimmt man diesen angeblichen Fehler kaum mehr wahr. Auch bei den folgenden Beispielen stört die Konstruktion wenig, weil das zusammengesetzte Wort sich als ein Ganzes auffassen lässt: «die Gewalt*bereitschaft gegenüber* der Polizei» oder die «Anpassungs*fähigkeit an* den Klimawandel». Wir nehmen das gern hin.

Etwas unheimlich war mir hingegen die «Vertrauens*bildung zur* Kanzlerin». Denn zwischen dem Vertrauen und «zur Kanzlerin» ist es grammatisch doch recht weit. Noch gewagter war, was ich nach Merkels Streit mit Seehofer gelesen habe: Da verlangte jemand von ihm eine «vertrauensbildende *Maßnahme zur* Kanzlerin». Der Abstand zwischen Vertrauen und Kanzlerin ist hier noch größer. So etwas bildet mein Vertrauen nicht.

Bayern bei Masern spitze Von einer Insel im Pazifik hieß es: «Die Bewohner zeichnen sich durch hohe Inzuchtraten aus.» So etwas ist beliebt, so manches scheint sich auszuzeichnen: «Die Liste zeichnet sich durch viele Irrtümer aus.» Wirklich?

Die Menschheit neigt dazu, das haben Linguisten herausgefunden, angenehme Wörter zu verwenden. Offenbar ein Grundoptimismus. Doch passt diese Einstellung leider nicht ganz zu der Tatsache, dass so oft schlechte Nachrichten zu melden sind.

Im folgenden Satz sollte es wohl kaum um einen Wettbewerb gehen: «Schleswig-Holstein kann es bei rechtsradikalen Gewalttaten mit den östlichen Bundesländern durchaus *aufnehmen.*» Anerkennung überall: «Europäische Richter hatten Deutschland mehrfach Menschenrechtsverletzungen *bescheinigt.*»

Mir klingen die Verben zu günstig. Über die bedrohten ältesten Bäume der Erde las man: «Holzeinschlag, intensive Landwirtschaft, Waldbrände und Insektenbefall *begünstigen* den Tod der Baummethusalems.» Ist das günstig?

«Düstere Szenarien des Nuklearzeitalters sind *nicht in Erfüllung gegangen.*» Eigentlich gehen nur *gute* Wünsche in Erfüllung, denke ich. Auch sonst klappt nicht immer alles: «Radfahrer um Haaresbreite verfehlt.» Hatte jemand es anders gewollt? Kaum.

Ein Mann mit schwerem Schicksal seufzte: «Ich erlebte Dinge, die ich mir als junger Mann nie erträumt hätte.» Manchmal ergattert man auch etwas, was man nicht brauchen kann: «Mehrere Punkte in Flensburg sind ihm sicher.» Als Belohnung? «Es sind die Starenkästen, die zu Strafpunkten verhelfen.» Doch diese Hilfe wird mancher kaum haben wollen.

Ein Korrespondent sagte im Hörfunk: «Es wird vermutet, dass über 400 Personen ertrunken sind. Aber diese Zahl ist mit Vorsicht zu genießen.» Das Wort «genießen» sagt man so dahin, gewiss. Aber wörtlich nehmen sollte man es hier bestimmt nicht. Das Umweltbundesamt schließlich schrieb, dass die Deutschen «täglich immer noch mehr Dioxine zu sich nehmen, als von der Weltgesundheitsorganisation empfohlen wird.» Ja, nehmen wir Dioxine denn zu uns wie Nahrung? Und werden sie in kleiner Menge – empfohlen?

Das waren jetzt Beispiele für *Verben*, die allzu schön gewählt wurden. Das Gleiche gibt es jedoch auch bei Substantiven und Adjektiven: «Straftaten gegen Beamte bleiben auf hohem Niveau.» Wettbewerb und Rangstreitigkeiten auch hier: «Bayern bei Masern spitze.» Oder hier: «China ist der bedeutendste CO_2-Produzent des Planeten.» Und über eine Geißel der Menschheit las man: «Malaria – Eine Krankheit mit Zukunft.»

Die Neigung, schlimme Dinge positiv zu beschreiben, ist unübersehbar. «Die Chancen wachsen, dass so ein Unglück wirklich mal eintritt.» Eben, das gilt auch von Journalisten: Die Chance, dass sie etwas falsch machen, ist riesengroß.

Doppelpunkt und Gedankenstrich Der Doppelpunkt hat eine neue Beschäftigung gefunden. Er soll am Ende eines Satzes zeigen: Achtung, Pointe! Hingetupft, damit niemand das schöne Glanzlicht verpasst, das man gleich setzen will.

So schreibt die moderne Autorin: «Die Show begann, und die Zuhörer hörten: nichts.» Ein Journalist berichtete von einem Manager: «Er unternahm erst einmal: wenig.» Der Doppelpunkt dient offenbar dazu, dass die Lesenden eine Pause hören und gespannt sind. Man soll ahnen, wie aufregend es gleich werden wird.

Aus einem Bericht über Sicherungsverwahrte, der zeigen wollte, dass die gar nicht so gefährlich sind: «Eine neue schwere Gewalttat, wie man sie von ihnen erwartete, hatten begangen: 3.» Kann man das überzeugender hinschreiben? Die Hoffnung ist: nein. Und darum ist das heute echt in Mode.

«Das kleine Umfragehoch, das die Attentate dem Präsidenten Hollande bescherten: längst vorbei.» Es soll als Überraschung wirken. «Konsequenzen für alle, die trotzdem mit dem Auto fuhren: keine.» Die verehrte Leserschaft merkt den Trick zwar, bekommt ihn dennoch immer neu vorgesetzt. Die Leute von Pegida wollten, las man, «der Welt zeigen, was sie von Weltoffenheit und Nächstenliebe halten: nichts.» Offen gesagt, davon halte ich: wenig.

Kommen wir zu einem weiteren Helfer. So ähnlich wie der neue Doppelpunkt fungiert auch der Gedankenstrich jetzt gern als Vorbereiter einer kleinen Verblüffung. Das ist heute vielleicht sogar seine wichtigste Aufgabe. Hoch dramatische Vorfälle sollen noch aufregender werden. «Sie tat, was ihr keiner zugetraut hatte, sie ging – für immer.» Na, aufregend?

«Er stand auf, erklärte, dass er aufgebe, und – setzte sich.» Überraschung! Beispiele findet man heutzutage überall: «Hier hilft nur noch eine völlige Wende, nämlich – sofortiger Konkurs.» Oder: «Gut», sagte er, «aber erlaube mir nur noch eine einzige Frage – wozu?» Das frage ich mich auch.

Ist das nicht ganz modern? Nun, gelesen habe ich jetzt in einem alten Deutsch-Lehrbuch, nämlich im *Praktischen Lehrgang für den Unterricht in der deutschen Sprache* von Adolf Diesterweg, erschienen 1828. Uralt! Der Verfasser behandelt darin auch die Satzzeichen, und über den Doppelpunkt meint er, der diene in erster Linie dazu, «die Wichtigkeit des Folgenden anzudeuten, und besonders die Aufmerksamkeit auf dasselbe zu lenken». Was? Damals schon? Diesterweg bietet zwei Beispiele: «Sein Gewinnst war: eine Niete.» Und: «Was er mir sagte, lief hinaus auf: nichts.» Sollte unser neuer Doppelpunkt gar nicht so neu sein?

Dann geht es in diesem *Praktischen Lehrgang* zum nächsten Satzzeichen, und der Autor fragt: «Wozu wird der Gedankenstrich gebraucht?» Er antwortet: «Um die besondere Aufmerksamkeit des Lesers auf das Folgende zu lenken.» Geboten werden auch hier zwei Beispiele: «Er kam, sah und – siegte.» Und: «Er ergriff die Pistole, lud sie, spannte den Hahn und – besah sie.»

Diese Art, die Satzzeichen zur Steigerung zu verwenden, war also schon vor 190 Jahren modern. Was mich verwundert. Das reichhaltige Buch hat mich gelehrt: Was mir brandneu schien, ist – durchaus alt.

Bestgehasst Manchmal begegnet man diesem Wort: «Er ist einer der *bestgehassten* Männer Hollywoods.» Doch es klingt sonderbar, «best» ist doch etwas Gutes, «gehasst» gar nicht. Wie kommt das zusammen? Als ich dem nachgegangen bin, habe ich zwei Irrtümer bei mir aufgeklärt.

Erstens meinte ich lange, das Wort klinge englisch und wir hätten es von dort entlehnt. Haben wir aber nicht. Im Englischen kann man, das lässt sich leicht feststellen, mit *best* nur Gutes ausdrücken. *The best-dressed man in Hollywood.* Und *best known for* bedeutet «vor allem bekannt für». Auch gibt es *best-loved* und natürlich den *bestseller.* Nur Gutes.

Auch im Deutschen bedeuten Adjektive mit «best-» fast immer Günstiges – wie «bestgeeignet», «bestgehütet», «bestgekleidet», «besterhalten» ... Da knallt «bestgehasst» etwas heraus und steht ziemlich einsam da.

Zweitens hatte ich – Irrtum! – gedacht, das Wort müsse doch wohl von diesem bekannten deutschen Nachrichtenmagazin eingeführt worden sein, dessen Redakteure anfangs viel Sinn für alles zeigten, was englisch klingt. Doch zum Glück gibt es ja Lexika, die uns zeigen, wann ein Wort verwendet wurde. Zu meinem Erstaunen fand ich, dass schon 1921 in den Memoiren Wilhelm Wundts, eines Begründers der Psychologie, Kanzler Bismarck als der «bestgehasste deutsche Staatsmann» erscheint. Und auch der Schweizer John Knittel hat in seinem Erfolgsroman *Via Mala* aus dem Jahre 1934 über jemanden geschrieben, er sei «der bestgehasste Mann im Kanton».

Nun bin ich also ratlos und weiß immer noch nicht, wie es zu diesem sonderbaren Wort gekommen ist, das sich durchgesetzt hat. Allerdings findet sich hie und da auch «*meist*gehasst», was ja in Ordnung ist. Klingt bei «bestgehasst» unbewusst die Bestie an? Vielleicht erinnert es auch an die englische Redewendung *the US president we love to hate,* die unübersetzbar knapp ausdrückt, dass man Hassen auch richtig genießen kann. Alles dunkel.

Wenigstens habe ich gelernt: Weder ist das Wort englisch noch stammt es aus dem *Spiegel.*

Kant's Werke Ja, es ist schlimm, wie sich der Apostroph breitgemacht hat. Etwa bei «Uschi's Blumenlädchen». Dieses Ding wirkt in solcher Verwendung unnötig und etwas schlicht und wird allgemein gern als Deppen-Apostroph verhöhnt. Am Schluss will ich allerdings ein gutes Wort dafür einlegen.

Doch vorher räume ich wohl besser ein, dass es wirklich schreckliche Beispiele gibt, von denen viele im Internet kursieren. Da geht es nicht nur um den Genitiv eines Namens («Krause's Lebkuchen»), der auf Deutsch nach englischer Sitte geschrieben wird, wo *Laura's birthday* üblich ist. Es werden auch Substantive englisch gebeugt oder gebogen: «Aufstellung des Maibaum's» und «Betreten des Weiher's verboten». Das muss wirklich nicht sein, hat aber ebenfalls im Englischen ein Vorbild, wo Menschen und Sachen den Apostroph bekommen: *My teacher's name.* Ebenso heißt es *children's books* oder *men's clothes.*

Dieses Häkchen hat sich bei uns sogar im Plural verbreitet. Da werden tatsächlich «Handy's» angeboten oder «aktuelle Info's». Die Fälle sind unübersehbar und schwer hinzunehmen, denn es gibt nicht einmal die Ausrede, das sei im Englischen so. Nein. «Erste Hilfe Set's» und «Musik DVD's» sind neue deutsche Erfindungen. Die Leute, die das schreiben, sind offenbar verwirrt – und verwirren andere.

Zu den Spitzenprodukten im Internet gehört für mich ein Foto mit dieser Werbung: «Anana's aus Costa Rica».

Was ich jedoch verstehen kann, ist, dass bei Auslassungen Zweifel entstehen, ob man einen Apostroph dazugeben soll. Wie ist es mit «fürs», «ins» und «ums»? Na? Doch, es geht so wie eben hingeschrieben. «Durchs Fenster», «übern See», «hinterm Berg» – laut *Duden* alles so und ganz einfach geschrieben. (Manche Zeitgenossen sehen das allerdings anders.) Nur wenn es ganz ungewöhnlich wird und erkennbar nach Umgangssprache klingen soll, meint der *Duden*, erscheint der Apostroph. In diesem Sinne schreibe ich jetzt: «Nach'm Essen saß er auf'm Tisch.»

Bei Namen jedoch, die im Genitiv stehen, geht ein Apostroph – auch nach der Rechtschreibreform – eigentlich nicht. Also nicht «Löw's Aufstellung». Doch weil die Reformer möglichst wenig verbieten wollten, gibt es auch hier Ausnahmen. Vor allem, wenn die Inhaberin eines Geschäfts Andrea heißt und nicht im Genitiv zu einem Andreas werden möchte. Ebenso bei einem Carlo, der nicht wie Don Carlos aussehen will. Schon gar, wenn die beiden heiraten sollten! «Andrea's und Carlo's Hochzeit», so wäre es erlaubt, vielleicht sogar geboten.

Doch für Menschen wie mich, die das Alte lieben, ist das, was noch vor hundert Jahren richtig war, nicht ganz vergangen. Und da war es ein wenig anders. Da galt noch eine andere Regel.

Dem großen Immanuel Kant hat man um das Jahr 1900 die bis heute maßgebliche Gesamtausgabe seiner Werke gewidmet, mehr als zwanzig Bände, herausgegeben von der *Preußischen Akademie der Wissenschaften*. Und da steht – jedes Mal – auf dem Titelblatt «Kant's Werke». Sieht würdig aus, geradezu ehrwürdig. So war es damals richtig, ebenso «Goethe's *Faust*» und «Schiller's *Räuber*». Dann wurde die Regel geändert.

Doch in alten Ausgaben betrachte ich das Häkchen mit schöner Nostalgie.

Dem großen Adorno geschuldet «Das ist der Ungeduld geschuldet», so sagt man. Und kann in der Zeitung lesen: «Sein Erfolg als Sänger ist wohl seinen engen Hosen geschuldet.» Woher stammt diese Wendung?

Sie wurde, behaupte ich, von dem berühmten Soziologen und

Philosophen Theodor W. Adorno geprägt, und sie verbreitete sich ab 1949 in der von ihm mitbegründeten «Frankfurter Schule» oder «Kritischen Theorie» innerhalb der Sozialforschung. «Ist geschuldet» war lange so etwas wie das Erkennungszeichen dieser einflussreichen Richtung. Adornos Art zu formulieren war eben Kult. Der Journalist Henning Ritter erinnerte sich: «Man konnte sogar fast mühelos, wie es viele seiner Studenten taten, adornitisch reden, um das Prestige des Eingeweihten zu erlangen.»

Die Wendung «ist geschuldet» wirkt, wenn man darüber nachdenkt, sonderbar, recht sperrig und dunkel. Zunächst muss man jedoch feststellen, dass sie wirklich eine Erfindung war, sicher von Adorno selbst. Vorher jedenfalls scheint es sie nicht gegeben zu haben, wie ein Blick in das *Grimmsche Wörterbuch* zeigt. Gelungen ist Adorno eine Formulierung mit Ambivalenz, also mit zwei Gesichtern, ein Januskopf. Das lässt sich leicht an ihrem doppelten Gebrauch zeigen. Nehmen wir zwei fast gegensätzliche Beispiele.

«Dies ist der Aufklärung geschuldet», das versteht man so: Wir stehen in der Schuld der Aufklärung. «Das ist dem Kapitalismus geschuldet», das versteht man anders, nämlich: Daran ist der Kapitalismus schuld. Die neu erfundene Wendung spielt also geschickt mit dem Doppelsinn von «Schuld» – im Sinne von «jemandem etwas schulden» und «schuld sein».

Aber wurde diese Erfindung im Deutschen wirklich so dringend gebraucht? Wohl kaum, denn es gab schon vorher neutrale Ausdrücke wie «ist eine Folge von», «entstammt», «beruht auf». Nicht immer passte hingegen, was in der Wissenschaft vor Adornos Neubildung lange üblich war: «Das verdankt sich …» So etwas hätte Adorno vom Kapitalismus bestimmt nicht gern geschrieben. Man sagt ja auch besser nicht: «Diese Erfindung verdankt sich dem Krieg» oder gar «Die Schwerhörigkeit verdankt meine Cousine einem Unfall.» Hingegen stört es uns nicht zu sagen: «Ihre Schwerhörigkeit ist einem Unfall geschuldet.» Denn da hören wir eben heraus: «Schuld ist ein Unfall.»

Wenn man Adornos Erfindung noch weiter ergründen wollte, könnte man vermuten, dass er während seiner sechzehn Jahre Exil in England und den USA zwei Wendungen kennen gelernt hat, die ebenfalls ambivalent, also vielseitig zu brauchen sind. Ich meine *to owe* («schulden, verdanken») und *due to* («verursacht, auf Grund von»). Mit beiden Wendungen wird heute daher das adorno'sche «ist geschuldet» gern vom Deutschen ins Englische übersetzt.

Ja, es war eine höchst wirksame Wortbildung, denn bis heute kann man sich damit den Anschein des Intellektuellen geben. Und diesen Vorteil verdankt man … Nein, sagen wir es so: Dieser Vorteil ist Adornos Wortschöpfung geschuldet.

Snob, eine irrige Erklärung Das Wort «Snob» soll, so wird oft gesagt, eine Abkürzung des lateinischen Ausdrucks *sine nobilitate* sein, also eigentlich «ohne Adel, von geringer Herkunft» bedeuten. Ursprünglich wäre es demnach ein «s.nob.» gewesen. Mehrere Umstände, unter denen diese Abkürzung verwendet worden sein könnte, sind genannt oder fantasiert worden: Listen mit den Namen von Oxford-Studenten, Listen mit Schiffspassagieren (um sicherzustellen, dass nur die besten Gäste an der Tafel des Kapitäns dinierten) oder Gästelisten (um anzuzeigen, dass kein Titel genannt werden musste, wenn der Eingeladene angekündigt wurde).

Diese Theorie ist genial, aber höchst unwahrscheinlich, wie Forscher heute meinen. Das Wort «Snob» wurde zuerst im späten 18. Jahrhundert überliefert als Ausdruck für einen Schuhmacher oder dessen Lehrling. Aber wie es entstand und was es anfangs bedeutete, weiß man nicht. Etwa zur selben Zeit wurde es tatsächlich von Cambridger Studenten auf jeden übertragen, der kein Student war. Es wurde zu einem Schmähwort für Nicht-Studenten!

Später, im frühen 19. Jahrhundert, bezeichnete man mit *snob* einen Menschen, der keine Kinderstube (also keine guten Manieren) hatte, und man meinte sowohl den Arbeiter, der seine soziale Stellung kannte, wie den sozialen Aufsteiger, der das Verhalten der Oberklasse etwas lächerlich nachahmte. Bald wurde mit dem Wort jemand beschrieben, der übertriebene Achtung zeigte – vor dem Adel und vor Reichtum. Ein Snob war zugleich einer, der auf diejenigen herabblickte, die er für sozial unter ihm stehend hielt.

Damit ist die noble Herleitung von «s.nob.» dahin. Schade eigentlich, sie war so überzeugend. Stattdessen taucht ein Schuster auf.

VIII. Echt jetzt?

Auf Nummer sicher gehen Jahrhundertelang sagte man einfach «sicher gehen». Um ein Beispiel zu nennen: Goethe schreibt im *West-östlichen Divan*: «Willst du sicher gehn, so musst du wissen, Schlangengift und Theriak zu sondern.» (Theriak war eine schwedische Heilkräutermischung und wurde besonders als Gegengift gegen Schlangenbisse verwendet.)

Und noch ein Klassiker: Schiller schreibt in *Wallensteins Tod:* «Nein, lasst uns sicher gehen, Freunde suchen …» Doch wie kam es dann zu der Redewendung «auf Nummer sicher gehen», die uns so geläufig, ja unentbehrlich geworden ist?

Man nannte das Gefängnis oder die Zelle früher gern «Nummer sicher», und von einem Insassen sagte man, er sei (oder sitze) «auf Nummer sicher». Die Gefängniszelle wurde so genannt, weil sie eine Nummer trug und die Verurteilten darin sicher verwahrt wurden.

Wie es dazu gekommen ist, dass beide Wendungen, also «sicher gehen» und «auf Nummer sicher sein», verschmolzen, habe ich nicht herausbekommen. Diese Verbindung ist aber, soweit ich mich erinnere, erst etwa 1970 populär geworden, dann jedoch sehr schnell. Die beiden ursprünglichen Redewendungen sind hingegen verblasst.

Früher gab es viele spöttische Umschreibungen für das Sitzen im Gefängnis. Man sagte etwa: «Der frisst aus dem Blechnapf und atmet gesiebte Luft» (wegen der Gitter), «der sitzt bei Wasser und Brot», «hinter Schloss und Riegel» oder «hinter schwedischen Gardinen» (weil der beste Stahl aus Schweden kam), «er klebt Tüten» oder «er hat Urlaub auf Staatskosten». Und man sagte eben auch: «Der sitzt auf Nummer sicher.»

Wer die alte Bezeichnung für das Gefängnis noch kennt, kann sich wundern, wie viele Deutsche heute freiwillig auf Nummer sicher gehen wollen.

Adrenalin in seiner schärfsten Form Werbetexter haben unsere Bewunderung, weil sie so kreativ sind. Wir können sie aber zugleich bedauern, weil sie sich ständig steigern müssen, obwohl wir sie doch schon am Limit sehen. Nehmen wir die Automobilbranche, die schön vormacht, wie man immer höher pokert.

«*Intergalaktischer* Fahrspaß», das versprach Kia. Intergalaktisch! Eine Galaxie ist schon ziemlich groß, auch wenn es davon im Kosmos eine Menge gibt. Mit dem kleinen Kia aber wäre man sogar intergalaktisch unterwegs, von einer Galaxie zur nächsten. Imponierend. Daneben hieß es im Text noch: «Tauchen Sie jetzt ein in eine Welt voll *überirdischem* Fahrspaß.» Das werden die Leser der Anzeige wohl verstehen. Es bedeutet «himmlisch» im religiösen Sinn. Und so himmlisch sollte der Spaß schon sein.

Meine weiteren Beispiele stammen ebenfalls aus dem Herbst 2014, da müssen sich die Damen und Herren Werber gegenseitig arg beflügelt haben.

«*Lichtjahre* voraus», so lautete die fette Zeile in einer Werbung für den Audi A 7 Sportback. Lichtjahre! Wir sind also wieder im Weltall. Offenbar wollte man den alten Slogan der Firma «Vorsprung durch Technik» neu interpretieren, und siehe da, der Vorsprung war noch größer, als wir ahnten. Der weitere Text erläuterte jedoch nicht, worin der Vorsprung bestehen sollte. Waren es die Jahre, die man der Konkurrenz voraus sein wollte? Das wäre nicht ganz so gut, denn ein Lichtjahr ist eine Entfernung (was jedoch gern verwechselt wird). Oder war doch eine Entfernung gemeint? Dann wollte man der Konkurrenz so viele Kilometer voraus sein, wie das Licht in einigen Jahren zurücklegt. Egal. Jedenfalls waren es kosmische Dimensionen.

Da wollte sich Porsche nicht lumpen lassen. Dem Kosmos blieb die Firma diskret fern, dafür wandte sie sich der Medizin zu, fabulierte etwas von einer offenbar wünschenswerten Herzerkrankung und schrieb: «Herzrasen kennt kein Tempolimit». Erst verstand ich das so, als wolle der Fahrer, wenn erst einmal sein Herz gefährlich rast, kein Tempolimit mehr beachten. So glauben wir die Porschefahrer ja zu kennen. Doch weit gefehlt.

Offenbar war hier ein freudig erregter Fahrer gemeint, und es war nur sein beschleunigter Puls, der kein Tempolimit mehr kennen sollte. Genau. Zwar kann Herzrasen (Tachykardie) schnell zum Fall für die Medizin werden, doch heute steht es eben auch für schöne Aufregung.

Medizinische Werbung, warum nicht? Autofahren auf Rezept. Da musste Audi, obwohl doch schon im Weltall Lichtjahre voraus, nachziehen. «Adrenalin in seiner schärfsten Form» versprach die Firma, falls man in einen ihrer Wagen steigt und losbraust. Nur Pech, dass die Medizin bei Adrenalin keine scharfe oder schärfste Form kennt. Es war wohl nur die Werbung, die hier in ihrer schärfsten Form auftreten wollte.

Wir gucken auf Bayerns Sieg Man schreibt tatsächlich «gucken». Für Norddeutsche sieht das sonderbar aus, denn man glaubt ja, Deutsch schreibe man, wie man es spricht. «Gucken» scheint eine Ausnahme zu sein, denn fast alle sagen «kucken». Den Norddeutschen ist die Schreibweise «kucken» auch amtlich erlaubt – kucken wie der Kuckuck. In Süddeutschland aber sagen einige wirklich «gucken». Und ich bin ziemlich überzeugt, dass die übliche Schreibweise ein freundliches Entgegenkommen der Norddeutschen ist. Am Ende also: Endlich mal was Süddeutsches in der deutschen Hochsprache!

Martin Luther gilt als der Mann, der die deutschen Dialekte zusammengeführt hat, und er tat das bewusst, weil er sowohl die niederdeutsche Sprache (Platt) kannte wie das Thüringische, das zum Oberdeutschen zählte, also zum Süddeutschen. Damit seine Bibelübersetzung auch im Süden vertraut klang, flocht er auch süddeutsche Wörter und Wendungen ein. Aber meist entschied er sich für die norddeutschen, so wählte er «Pfote» statt «Pratze», den «Kahn» statt des «Nachens» und die «Lippe» statt der «Lefze».

Ja, das Süddeutsche erlitt auch später Niederlagen, und es ist meine ganz persönliche Vermutung, dass «gucken» ein kleines Versöhnungsgeschenk ist. Bei Luther kommen beide Schreibweisen vor, in der Klassik auch, aber dann wurde die g-Schreibung verbindlich. Meinetwegen.

Doch Bayern und seine Sprache sind heute längst so begehrt, dass die südliche Kultur auch sprachlich überall bei uns erblüht. «Schauen» etwa ist ebenfalls süddeutsch – und sehr beliebt. Geschieht den Nord- und Hochdeutschen ganz recht, hatten sie mit «sehen» doch das schwächere Verb. «Schau her!» ist wirksamer als «Sieh an!». Den Ausruf «Da wird er schauen!» müssten die Nordlichter und Bleichgesichter wiedergeben mit: «Da wird er Augen machen!» Ginge aber auch.

«Ich habe gestern *Tatort geschaut.*» Das hört man in Norddeutschland immer öfter. Und gewiss, es heißt ja auch «Zuschauer», selbst in Norddeutschland, und nicht «Zuseher».

«Da müssen wir *schauen,* ob das geht.» Gemeint wird damit ein sorgfältiges, ein wohlwollendes Hinsehen. Es ist Bayerns Sieg. «Das *schaut* gut aus!» wird ebenfalls üblich. «*Schau'n* mer mal» sowieso, seit Franz, nein, *der* Franz ein Vorbild ist. In Bayern sagt man es nämlich mit Artikel: «*Der* Söder hat gesagt», «*die* Mama ruft dich», «*der* Sepp ist da», «ich bin *die* Lena». Das ist ebenfalls im Norden angekommen.

Ein Journalist, der aus Berlin berichtet, schrieb: «Samstags geh ich auf den Wochenmarkt bei mir *ums Eck.*» Und wenn ein Fußballer trifft, dann «ins linke Eck». Sei's drum: Willkommen in Bayern. Der norddeutsche «Sonnabend» hat ebenfalls längst dran glauben müssen. «Samstag» heißt es – allerorten.

Das Bayerische ist *halt* überall *daheim* (statt «zu Hause»). *Gell? Zusperren* nutzt *eh* nix. *Freilich* … Ja, auch das heute allseits verehrte «freilich» ist echt süddeutsch, speziell bayerisch. Jo, freili!

Passt scho'. Pack' mer's. Auf geht's.

Sparen, sparen und sparen Das Wort «sparen» gibt es dreifach, ohne dass es uns immer bewusst wäre. Einerseits sagen wir «sie will sparen», also Ersparnisse ansammeln. Zum anderen sagen wir «er muss sparen», darf also nicht viel Geld ausgeben. Der Unterschied fällt uns, wie gesagt, kaum auf, aber immerhin wissen wir meist, was gemeint ist. Ein Sparkonto dient dem Anhäufen von Geld, ein Sparprogramm dem Kürzen der Ausgaben. Ja, und was verbindet einen Sparkassendirektor mit einem Sparkommissar? Nichts.

Als es darum ging, Griechenland ein Finanzkorsett anzulegen, schrieb ein Journalist: «Was die Deutschen Sparen nennen, ein Begriff, der positiv besetzt ist, gilt im Rest Europas für viele als Schreckgespenst: Austerität, eine kaltherzige und wachstumsfeindliche Politik.» Hier wurde, scheint mir, das doppelte «Sparen» mal wieder in eins geworfen: Als positiver Begriff der Deutschen bedeutet «sparen» «Geld zurücklegen». Das Schreckgespenst der Griechen jedoch, die Austerität, ist ein Sparen im Sinne von «Geld nicht ausgeben dürfen».

Daher kann man sagen, die Deutschen lieben das Sparen, und die Griechen hassen das Sparen. Aber beide Nationen ähneln einander dennoch, denn sie meinen etwas ganz Verschiedenes.

Schließlich gibt es noch ein drittes Sparen. «Das habe ich mir erspart» bedeutet meist, man habe sich selbst etwas Unangenehmes erlassen. «Sparen Sie sich Ihre Worte» meint ungefähr dasselbe, ebenso der hässliche Ausruf «Erspare mir deine Launen!», im Sinne von: «Verschone mich damit!» Im Englischen hat sich diese Bedeutung erhalten, denn das Verb *spare* meint unter anderem «schonen» *(she has never spared herself)*.

Drei Mal sparen! Also muss man, weil «sparen» vieles heißen kann, manchmal raten. Etwa bei der Werbung: «Hier zugreifen heißt sparen.» Nicht ganz eindeutig ist es auch, wenn jemand sagt: «Diese Reise habe ich mir erspart.»

Überladen und angeschärft Unter den Leserbriefen im *Spiegel* stand einmal einer, der sich auf einen Artikel über schlechtes Essen in Schulkantinen bezog. Eine promovierte Leserin, offenbar zuständig für die «Mensa» eines ländlichen Gymnasiums, schrieb: «Notwendig bei der Umsetzung einer qualitativ hochwertigen Schulverpflegung sind fachlich kompetente Ansprechpartner vor Ort.»

Unter so etwas leide ich. Die Frau hat sich Mühe gegeben, eine unangreifbare Fachsprache zu wählen. Schon der Beginn «Notwendig bei der Umsetzung» zeigt, wie wenig ein Satz glücken kann, der sich an einem Substantiv wie «Umsetzung» festklammert. Statt von der «Umsetzung einer qualitativ hochwertigen Schulverpflegung» zu sprechen, könnte man locker sagen: «Soll in der Schule gutes Essen auf den Tisch kommen ...», und man könnte fortfahren: «... so muss es dort Menschen des Vertrauens geben, die etwas davon verstehen.» So, wie die Leserin es offenbar selbst tut.

Auch ein hochgestochenes Adjektiv wie «hochwertige» statt «gute» oder «gesunde» oder «bekömmliche Schulverpflegung» ist mir, leider, schwer erträglich. Gesteigert wird das durch die Verdoppelung «*qualitativ* hochwertig». Und gleich folgt die nächste Verdoppelung, nämlich beim Adjektiv «kompetent», denn hier steht «*fachlich* kompetente Ansprechpartner».

Die gebildete Leserbriefschreiberin ist mit ihrer überladenen, angeschärften Sprache aber nicht allein. In einem Charakterbild, das ich in einer Zeitung las, stand: «Ein Mann, der sich *um nichts anderes scherte außer um sein eigenes Glück.*» Das scheint mir ebenfalls ein wenig überladen. Es könnte einfacher heißen: «der sich um nichts scherte als sein Glück.» Hier ist «anderes» überflüssig, ebenso «außer» und «eigenes». Denn das «*eigene*» Glück muss ja nicht extra benannt werden.

Überhaupt, Leserbriefe. Da legen sich einige schwer ins Zeug. Etwa so: «Vor einem Jahr *generierte* der Wahlkämpfer Trump *postfaktisches* Entsetzen bei den *vernunftorientierten* Zeitgenossen ...» Eindruck machen als Pflicht.

Noch ein Beispiel. Ein Journalist, den ich sonst besonders mag, schrieb: «Die Aufmerksamkeit dürfte *spätestens* steigen, *sobald* neue Skandale publik werden.» Es sind die zwei Scharfmacher «spätestens» und «sobald», die den Satz schrill klingen lassen, finde ich. Beide zeigen, wie man sich heute mit lauten Wörtern interessant macht.

Vorschlagen möchte ich: «Die Aufmerksamkeit dürfte bald steigen, spätestens *wenn* neue Skandale publik werden.» Noch einfacher wäre es zu schreiben: «Die Aufmerksamkeit dürfte steigen, wenn neue Skandale publik werden.» Und auch das Wort «publik» könnte ich entbehren und möchte stattdessen lieber «bekannt werden» lesen.

Das zeitliche «wenn» sollte man in den meisten Fällen nicht anschärfen. «Ich rufe Sie an, *sobald* ich zu Hause bin.» Das ist üblich, aber muss es sein? Da rate ich zur Entspannung. Denn *sobald* ich so etwas höre … Nein. Das Wort bringt Eile, ja Plötzlichkeit in den Satz. Ein «wenn» reicht doch meist.

Sie drang und sie drängte Im Mittelalter entstand aus dem alten Verb «sitzen» ein «setzen», aus «liegen» ein «legen». Ein produktives und intelligentes Muster. Wer denkt sich so etwas Gutes aus? Die Sprache tut es, aber wer ist die Sprache?

Zu diesen Verben, die bei uns seitdem im Doppelpack auftreten, gehören auch «dringen» und «drängen». Ich dringe ein, ich dränge ihn raus. Die meisten Deutschen können solche Verben gut unterscheiden, etwa «biegen» und «beugen», «zwingen» und «zwängen». Doch wird es bei «dringen» und «drängen» etwas schwierig.

Zuerst die gute Nachricht: Oft richtig wird das Verb «dringen» verwendet. «Es gibt Tierarten, die in neue Gebiete vordringen.» Gut. Ebenso oft findet sich in der Presse ein Satz wie: «Die Bürgermeisterin dringt auf eine schnelle Entscheidung.» Durchaus richtig. Das Verb bedeutet hier so viel wie «bestehen auf». «Die

Franzosen dringen auf eine Zusammenarbeit nach dem Vorbild der EADS.» Oder: «Die Kanzlerin habe keinesfalls darauf gedrungen, die Veranstaltung abzublasen.» Genau! Das wäre also das Verb «dringen, drang, gedrungen».

Sehen wir uns jetzt mal den richtigen Gebrauch von «drängen» an. Es bedeutet «jemanden nötigen, ihn in eine Richtung schieben». Gut ist die Schlagzeile: «Die USA drängen Berlin ebenfalls zu Euro-Bonds.» Das Verb «drängen» braucht nämlich jemanden, der gedrängt wird, hier ist es Berlin. «Wir drängen die saudi-arabischen Behörden, damit aufzuhören.»

Soweit ist alles richtig und scheinbar auch einfach. Aber Vorsicht! Das Verb «drängen» drängt sich vor. Ja, es *dringt* vor. Ich kann gar nicht mehr überblicken, wie viele Beispiele aus der Presse ich mir dazu notiert habe. Breitgemacht hat sich das «drängen» vor allem da, wo es «auf etwas dringen» heißen müsste. Man soll das Falsche ja besser nicht unnötig zitieren, aber ein einziges abschreckendes Beispiel erlaube ich mir: «Russland *drängt* auf eine gewaltsame Lösung der Krise.» Nein, es dringt.

Der *Duden,* der uns in einem dicken Band «Richtiges und gutes Deutsch» beibringen will, meint liberal, wie er ist, das «drängt» habe sich nun mal «eingeschlichen» und sei in dieser Verwendung «seit mehr als hundert Jahren gebräuchlich». Tatsächlich ist «drängen» inzwischen auch da passend, wo keine gedrängte Person genannt ist. Man sagt es, wenn jemand irgendwie «drängelt» und andere, ungenannte Konkurrenten zu bedrängen scheint. «Drängen» heißt dann «Druck machen». Hier zwei Beispiele für die sinnvolle Übertretung einer alten Regel:

«Chinesische Firmen *drängen* in neue Industrien.» Da ist das Verb passend angewandt. Zwar drängen sie niemanden, der genannt würde, aber von «dringen» kann man wohl auch nicht sprechen. Denn sie dringen ja noch nicht in all diese Bereiche ein, sie drängen vorerst nur. Ebenso wie amerikanische Firmen in diesem Satz: «Es sind Google und Apple, die mit ihrer Software ins Fahrzeug *drängen*.» So muss es gesagt werden, sonst denkt man, sie wären schon drin.

Zum Schluss will ich meinen gelehrten Sprachfreunden noch eine kleine Falle stellen. Was halten Sie von diesem Satz über die Großen Seen in den USA? «Marmorkarpfen breiten sich im Mississippi aus. Drängen sie bis in die Großen Seen vor, wäre das ein Desaster.»

Sie haben es erkannt. «Drängen» ist hier ein Konjunktiv von «dringen». Denn noch dringen die Karpfen nicht vor. Alles bestens.

Man, bei einigen unbeliebt Bitte ein «man»! Ich möchte mich für das kurze Wort einsetzen. Wir brauchen es. Aber ich kenne Menschen, die gelernt haben, dieses Wörtchen, das mir so praktisch scheint, müsse man meiden.

Diese Feinde des «man» haben nämlich mal gehört, dass ein Satz wie «Das tut man nicht» als etwas feige gilt. Da verstecke sich jemand hinter der Autorität des anonymen «man». Und das solle man nicht tun, weil sich ein Mensch zu seinen Ansichten bekennen sollte. Deshalb habe man «ich» zu sagen, etwa so: «Das finde ich nicht gut, das solltest du nicht tun!»

Schon recht, es mag Ratschläge geben, die mit «man» etwas hinterhältig klingen. Aber deswegen das ganze Wort zu verschmähen würde mir – im Namen der Grammatik und des Wohlklangs – etwas leidtun. Nehmen wir so einen Satz, der ganz offenkundig das Wort vermeiden wollte: «Im Freibad lässt sich nach einer Radtour herrlich erholen.» Dieses leicht verbogene «lässt sich», ich bitte Sie! Dagegen – welche Wohltat mit einem «man», also etwa: «Im Freibad kann man sich herrlich erholen.»

Wer ein «man» umgehen muss, greift gern zum Passiv, bei dem bekanntlich das Subjekt verschwindet. Eine berühmte Wissenschaftlerin schrieb in einer populären Darstellung ihres Fachs: «Auch bei Drosophila wurde sich zunächst auf die Mutanten konzentriert.» Aber in ihrer Wissenschaft ist sie die Beste.

Ein Leserbriefschreiber, wohl ein «man»-Feind, rang sich zu dieser Konstruktion durch: «Zu Recht wird sich darüber allerorten aufgeregt.» Genau, und wie wäre dieser sprachliche Blechschaden zu vermeiden? Leicht mit einem «man»: «Zu Recht regt man sich darüber allerorten auf.» Wo es kein «man» gibt, entsteht schnell etwas Gewundenes.

Einräumen will ich gern: Gegen das «man» muss man als Feminist*in wohl etwas haben, denn es klingt *derart* nach «Mann», dass viele Frauen oder auch männliche Feministen, schon in den Siebzigerjahren, gern stattdessen «frau» sagten, was frau zu schätzen wusste.

Und noch etwas: Ich gebe ebenfalls zu, dass «man» gelegentlich ein wenig anonym wirkt. Viele Rezensentinnen und Kritiker verstecken sich dahinter: «Das Buch legt man nachdenklich aus der Hand.» Man? Wer soll das sein?

Aber «man» hat auch seinen Charme. Verwendet man es, so verschwindet man halbwegs hinter diesem Wörtchen. Klingt meist elegant: «Man gönnt sich ja sonst nichts!» Damit drückt man (oder frau) zugleich etwas Allgemeines aus und sieht ein Stück weit von sich ab. Man will ja nicht ständig von sich selbst reden.

Weniger als befürchtet Am besten bitte ich meine geneigte Leserschaft schon jetzt um Nachsicht, denn es wird hier um Verneinungen gehen, die fast so verdreht sind wie eine Denksportaufgabe. Also Vorsicht. Auch bin ich mir nicht ganz sicher, ob Sie sich an dem, was ich gefunden habe, so stoßen wie ich. Und ob Sie meine Lösung annehmen mögen. Also der erste Fall:

«Der Jangtse ist sauberer *als befürchtet*», so stand es in der Zeitung. Manche Leser muss das amüsiert haben, denn es klingt so, als habe man befürchtet, dass der Fluss sauber ist – und jetzt ist er noch sauberer als befürchtet. Aber so kann es ja nicht gemeint gewesen sein. Der Redakteur hätte wohl besser geschrieben: «nicht so *unsauber* wie befürchtet» oder «sauberer als erwartet». Man muss offenbar vorher klären, ob das Ergebnis erhofft oder befürchtet wird.

Noch ein zweites Beispiel für die gleiche Sache: Als bei einer Wahl in Frankreich der *Front National* die meisten Stimmen bekam, schrieb eine Zeitung, die Partei «übertraf alle Erwartungen – oder, je nach Perspektive, Befürchtungen». Das ist ja in Ordnung. In der Überschrift wurde das Wahlergebnis aber so zusammengefasst: «Besser als befürchtet». Gemeint war: «Für die Demokratie günstiger als befürchtet», denn die absolute Mehrheit hatte der *Front* nicht bekommen. Doch dann hätte es besser heißen können: «Nicht so schlimm wie befürchtet». Es wurden wohl zwei Aussagen verquickt: «besser als erhofft» und «schlimmer als befürchtet».

Die sonderbare Kombination wird dennoch allmählich üblich. Nach der Rede eines Bundespräsidenten konnte man lesen: «Auch wenn die Erwartungen gering waren, war doch das Ergebnis weniger *als befürchtet.*» Es hätte heißen müssen: «weniger als *erhofft*», weil vorher von «Erwartungen» die Rede war. Oder das Ergebnis war «noch geringer als ohnehin befürchtet».

Stimmen Sie zu? Sonst haben Ihnen diese Überlegungen wohl wenig geboten, jedenfalls weniger als befürchtet – oder erhofft.

Segel, aus Blättern gewoben Stellen wir uns eine herzensgute Dame vor und sagen wir: «Die Worte haben sie tief *bewegt,* und sie fühlte sich *bewogen,* etwas zu spenden.» Alles gut. Mit dem Beispielsatz will ich an den Unterschied der Verben «bewegen» und «bewegen» erinnern – man soll Deutschsprachigen ja nichts aus ihrer Sprache zu erklären versuchen, denn das wirkt meist nur verwirrend. Wie es richtig ist, hat man in der Regel im Gefühl.

Noch ein Sorgenfall. Man könnte zu Recht sagen: «Ich bin europäisch *gesinnt,* aber nicht länger *gesonnen,* die EU zu verteidigen.» So ist es richtig, ich meine, sprachlich. Die Variante, die ich hier nicht nenne und die Sie vielleicht im Ohr haben, gilt nur als halb korrekt. (Doch zugelassen ist beim großzügigen *Duden* ja längst fast alles.) Merken muss man sich eigentlich nur das Wort «wohlgesinnt», denn es ist richtig.

Einen Säugling kann man auf zweifache Weise wiegen: auf einer Waage oder in einer Wiege. Im ersten Fall hat man ihn dann *gewogen*, im zweiten Fall *gewiegt.* Meist kann man das gut unterscheiden. Aber unter meinen Journalistenkollegen verbreitet sich erkennbar Unsicherheit. «Sein Gegenüber hat nur den Kopf *gewogen*», schrieb einer meiner besonders geschätzten Kollegen. Ein anderer, den ich ebenso mag: «Gefährdet war sie nur, wenn sie sich in falscher Sicherheit *wog.*» Nein, in beiden Fällen stammt das Bild von der Wiege, nicht von der Waage. Auch wenn Sie jetzt den Kopf *gewiegt* haben sollten.

Man darf der Leserschaft, die man beeinflussen will, nichts Falsches vorsetzen, aber beide zitierten Beispiele schienen mir einfach lustig. Und ernsthaft bitte ich Sie nun, einen Satz zu vollenden: «Sie stieg auf die Waage und w... sich in falscher Sicherheit.» Na? Was schreiben wir hier? Da könnte man beides sagen, «sie wog sich» oder «sie wiegte sich». Sie wog sich auf der Waage und wiegte sich dabei in falscher Sicherheit.

Und noch ein letztes Verb, das es doppelt gibt: Ein Auslandskorrespondent, dem Deutschen vielleicht schon ein wenig entfremdet, berichtete über Einheimische und ihre «Segel, die sie aus den Blättern von Schraubenpalmen *gewoben* hatten». Das kommt einem etwas sonderbar vor. Und tatsächlich, wenn es sich um handfestes Material handelt, ist es *gewebt*. Wenn es mehr ums Abstrakte geht, *gewoben*.

Daher sagt man «sagenumwoben». Oder wie ein anderer Korrespondent ganz richtig schrieb: «Die Probleme Englands sind eng miteinander verwoben.»

Wenn sich die Schlagzeilen beißen In Rheinland-Pfalz zog die NPD 2016 in den Landtagswahlkampf mit einem Plakat, auf dem ein Flugzeug am Himmel zu sehen war, dazu die Forderung «Konsequent abschieben». Ganz unten stand der Satz, den die Partei immer plakatierte: «Unser Volk zuerst».

Diese Panne werden viele mit besonderem Vergnügen gesehen haben. Der Zusammenstoß der beiden Slogans war so schön, dass man dachte: Geschieht ihnen recht. Aus Zeitungsüberschriften kennt man ja zur Genüge, was da an Kollisionen passieren kann, und der «Hohlspiegel», der im *Spiegel* sprachliche Unfälle sammelt, hat wohl kein Thema, das dankbarer wäre.

Da las man: «Schietsommer: Weniger Badende ertrunken». Oder: «Rettungswacht mit Saison hoch zufrieden. Sieben Tote». Was die Journalisten sagen wollten, das ahnt man immerhin.

«Glück für die 156 Passagiere eines britischen Ferienfliegers: Mitten im Flug nach Paphos auf Zypern ist der Co-Pilot der Maschine gestorben.» Die armen Kollegen Journalisten, die Aufmerksamkeit erringen müssen, stehen zugleich unter dem Zwang, sich kurzzufassen, und dann kommt eben so etwas heraus.

«Das kann sonst keiner. Vor 10 Jahren starb der Sänger Frank Sinatra.» Alles sehr menschlich. Die Vollform hätte wohl lauten sollen: «Singen wie er konnte sonst keiner», doch dafür war einfach kein Platz. Und schnell, ganz schnell gehen musste es auch.

Gibt es Hilfe für die armen Überschriftenredakteurinnen und -redakteure? Vielleicht. «Blind für Gefühle? Das kann man lernen». So stand es in der *Aachener Zeitung*. Nur zwei Wörter hätte man einfügen sollen: «Das zu ändern kann man lernen.» Dasselbe sagen wir uns von diesen sprachlichen Unglücksfällen.

IX. Aus dem Wörtersee

Er dementiert, dass er dement ist Das Wort «dement» ist inzwischen jedem vertraut. Das Wort «dementieren» hingegen kennt man fast nur aus den Nachrichten oder der Zeitung; da wird gern von einem Politiker eine (angeblich) falsche Nachricht «dementiert», also bestritten oder richtiggestellt.

«Professor H. hat dementiert, dass er dement ist», so könnte eine Nachricht lauten. Und daran würde man gleich merken, wie ähnlich die Worte klingen, ohne eine verwandte Bedeutung zu haben. Wie kam es zu dem Gleichklang? Bei der Entstehung haben sich zwei kleine Missgeschicke ereignet.

Beide Wörter gehen auf das lateinische *mens*, den «Verstand», zurück. Daraus wurde im Lateinischen *mentiri* («lügen») abgeleitet. Da haben wir wohl das erste kleine Unglück, denn man erwartet bei einem Verb, das vom Verstand abgeleitet ist, eine Bedeutung wie «den Verstand gebrauchen». Aber im Lateinischen heißt *mentiri* tatsächlich «den Verstand zum Täuschen verwenden». Eigentlich abwegig. Im Französischen bedeutet *mentir* ebenfalls «lügen».

«Eine Lüge richtigstellen» nannte man deshalb *démentir*, was man besser nicht getan hätte. Denn es gab schon das Eigenschaftswort *dément* – mit ganz anderer Bedeutung. Die Vorsilbe *de* bedeutet hier ein Abweichen vom Verstand, also «ohne Verstand».

So stehen im Französischen zwei Wörter nah nebeneinander, die in ihrer Bedeutung nicht gerade harmonieren: «nicht bei Verstand sein» und «eine Lüge richtigstellen». Von den Franzosen haben wir beide Wörter übernommen – und müssen nun damit leben.

Ich mag andere, geistreiche Menschen Ein falsch gesetztes Komma kann den Inhalt so manches Satzes verdrehen. Das berühmteste Beispiel dafür ist wohl: «Der brave Mann denkt an sich selbst zuletzt.» Mit falschem Komma heißt der Satz: «Der brave Mann denkt an sich, selbst zuletzt.» Doch verkehrt sich die Aussage auch bei anderen Gelegenheiten.

In einer Anzeige waren die Satzzeichen wohl ebenfalls verrutscht: «Nikolausbraten, vom Schwein gewürzt.»

Im Internet wurde eine junge deutsche Geigerin vorgestellt. Zu ihrem Bild gehörte die Unterschrift: «Ohne Ehrgeiz, kein Erfolg». Die Unterschrift sah aus wie ein doppeltes Zeugnis für die arme Geigerin, als sei sie «ohne Ehrgeiz» und daraus ergebe sich «kein Erfolg». Man sollte diese vier Wörter nicht unterteilen, ebenso wenig wie bei dem Sprichwort «Ohne Fleiß kein Preis».

Oft ist die Sache etwas subtiler. «Ich habe einen in Australien lebenden Vetter.» Setzt man ein Komma, hat der Mann überhaupt nur einen Vetter: «Ich habe einen, in Australien lebenden Vetter.» Ebenso ist es bei «Er machte nur einen, verhängnisvollen Fehler». Also nur einen, und der war verhängnisvoll.

Ein Reporter schrieb: «Auch einem zweiten, männlichen Tier gelang der Ausbruch.» Hier ist alles richtig gemacht, denn zuvor war es ein weibliches Tier gewesen, diesmal war es ein männliches.

Mit meinem nächsten Beispiel wird es noch etwas komplizierter. Ein Journalist wollte sagen, dass nur wenige Behinderte die Nazizeit und das Ermordungsprogramm «Euthanasie» überlebt haben. Also hätte er schreiben können: «In Deutschland gab es 1945 nur wenige geistig behinderte Menschen.» Er schrieb aber: «In Deutschland gab es 1945 nur wenige, geistig behinderte Menschen.» Das bedeutet, es gab damals in Deutschland nur wenige Menschen, und die waren geistig behindert.

Eine subtile Bosheit wäre es, jemandem schriftlich mitzuteilen: «Ich mag den Austausch mit anderen, geistreichen Menschen.» In diesem Fall also «... mit anderen, als Sie es sind, nämlich geistreichen». Aber das schreibt man natürlich nicht.

Alles klar? Zur Begrüßung fragt man gern: «Alles klar?» Nicht schlecht, aber auch nicht ganz gut, denn wenn man über die Frage ein wenig grübelt, kann sie einem sonderbar vorkommen. Angefangen hatte es mit dem «klar» jedenfalls etwas anders.

Mitte der Siebziger kam «Alles klar!» auf – und zwar als Schlussformel am Ende eines Gesprächs, vor allem am Telefon. Ich kann mich noch gut erinnern, wie ich diese Formel, wohl 1976, zum ersten Mal von einem Kollegen hörte, denn sie kam mir leicht militärisch vor. Wie ein «Verstanden, Ende!», beinahe wie «Jawoll!». Gemeint aber war nur: «Dann sind wir uns ja einig, haben das geklärt und können uns verabschieden.» Es folgte als Finale meist nur noch: «Also dann, bis später, tschüss!»

Doch irgendwann ist diese Schlussformel, die eine Bestätigung war, zu einer Begrüßung geworden und damit zu der Frage: «Alles klar?» Eine Variante zum altgewohnten «Na, wie geht's dir?». Mir ist an der neuen Frage zunächst nichts weiter aufgefallen. Wie sonderbar sie tatsächlich ist, dämmerte mir erst, als ich 2014 einen Bericht von der Fußball-Weltmeisterschaft las.

Da wurde über einen brasilianischen Reiseführer berichtet, der Deutschland beschreibe. Er zähle als die wichtigsten deutschen Begriffe zunächst auf: «Gemütlichkeit, Bierstube, Schwarzwälder Kirschtorte, Betriebsrat». Doch finde sich daneben überraschend ein eigenes Kapitel zum Thema Klarheit, portugiesisch *clareza*. Die Autoren des Reiseführers hielten Klarheit, so vermutete der deutsche Journalist Jörg Kramer, für einen essenziellen Bestandteil des deutschen Denkens. Nicht umsonst wählten die Deutschen zur Begrüßung die Formel «Alles klar?», während die Brasilianer fragten, ob «alles gut» sei.

Kramer meinte, die Brasilianer deuteten die deutsche Begrüßung so: «Wenn alle Instruktionen verstanden seien, jeder sich darüber im Klaren sei, fühlten sich die Deutschen wohl.» Wirklich? Deuten uns die Brasilianer so, dass wir uns erst wohlfühlen, wenn alle Instruktionen verstanden sind? Nun ja, vielleicht, aber es wäre ein kleines Missverständnis.

Denn unser «Alles klar?» bedeutet ja nicht die eindringliche Frage «Ist dir alles klar?», so im Sinne von «Hast du mich verstanden?», sondern es heißt «Ist *bei* dir alles klar?» in der Bedeutung von «alles in Ordnung». Ganz so, wie man ja auch sagt, man habe «alles klar gemacht», oder wie der Seemann «klar Schiff macht».

Dennoch haben wir Deutschen es irgendwie gern, wenn alles geklärt ist. Alles klar!

Lieber Herr Hirsch Die schriftliche Anrede «Lieber ...» wird üblich, auch wenn man sich nicht kennt. Mir fiel das zum ersten Mal so ungefähr im Jahre 2011 auf. Mein Gas- und Stromlieferant (es sind Stadtwerke) schickte mir einen Kalender, und die Leute von «Marketing und Vertrieb» sowie von der «Kundenkommunikation» redeten mich im Begleitbrief mit «Lieber Herr Hirsch» an. Ebenso tut das übrigens ein Steuerbüro, das für eine Stiftung die Spendenbescheinigungen verschickt. Ich kenne da niemanden, nicht einmal vom Telefon. Trotzdem schreiben die mich an mit «Lieber Herr Hirsch». Es ist mir natürlich recht, und ich revanchiere mich mit lauter Liebe ..., wenn ich antworte.

In den USA ist es durchaus üblich, auch wildfremde Menschen mit *Dear* ... anzuschreiben. Zwar geht einem dann ein wenig die Abstufung verloren, aber das kann man verschmerzen. Es ist bei uns ja auch echt mühsam, sich zu entscheiden, ob man es noch ganz offiziell mit «Sehr geehrter Herr Dr. ...» machen will oder es gleich mit «Lieber» versuchen sollte. Einen Ausweg und eine dritte Chance gibt es allerdings schon länger.

Denn wenn man keine der beiden Formen wählt, ist «Hallo Herr Hirsch» üblich (bitte ohne Komma, das darf da nicht mehr stehen, wenn es nach der Mehrheit geht). Oder seit einiger Zeit auch «Guten Tag Herr Hirsch» (wieder ohne Komma). Dumm nur, wenn ich als der Angeredete diesen Morgengruß am Abend lese, aber jeder wird wissen, wie nett es gemeint ist. Und gute Wünsche gehen immer.

Okapi sind stark geschrumpft «Einer britischen Studie zufolge sterben Popstars in jungen Jahren doppelt so oft wie normale Menschen.» Die Nachricht ist ja an sich traurig, aber irgendetwas stimmt da auch nicht ... Denn die Popstars sterben nicht «doppelt so oft», sondern es sterben «doppelt so viele» von ihnen in jungen Jahren wie bei ihren Altersgenossen.

Noch eine journalistische Blüte, wieder gewachsen am Baum der Statistik: «Schwedische Frauen begehen weniger Selbstmord.» Das müsste wohl besser heißen: «In Schweden begehen weniger

Frauen Selbstmord.» Wenn ein solcher Satz mit «Schwedische Frauen» beginnt, ist meist gar nichts mehr zu machen. Denn eine Aussage über die Durchschnittsschwedin lässt sich mit der einmaligen Tat Selbstmord nicht gut verbinden.

Also Vorsicht mit Statistik. «Tote werden immer dicker.» Ja, im statistischen Durchschnitt. Aber nicht mehr, wenn sie tot sind. Besser wäre: «Tote durchschnittlich immer dicker.» Aber wo hat eine Schlagzeile schon so viel Platz?

Aus den Zeitungen kennt man das gut: «Die etwa 4000 französischen Soldaten in Mali sollen bis Juli halbiert werden.» Oder: «Im Kongo beheimatete Okapi sind stark geschrumpft.» Es sind jedoch zum Glück nur die Zahlen, die sich ändern.

Auch unpassende Zeitangaben werden uns geboten: «Intendant Peter Müller soll verlängert werden.» Aber man kann auch länger werden, von Tag zu Tag. Ein Manager sagte einmal: «Damit sind wir der längste Namenssponsor der Bundesliga.» Ja, «der zeitlich längste», «der am längsten bestehende» ... Doch das ist alles nicht ganz elegant. «Wir sind der Sponsor, der am längsten mit einem Verein verbunden ist.» Sehr umständlich, leider, aber so stimmt es.

Wenigstens dieser Werbespruch für eine finanzielle Vorsorge scheint fast richtig zu sein: «Wir werden zunehmend älter». Ja, aber «zunehmend»? Es war wohl nicht gemeint, dass wir jeden Tag schneller altern, sondern dass viele von uns ein höheres Alter erreichen. Und dass deren *Zahl* stetig steigt.

Beleidigt? Nichts weniger als das! Wenn Sie es mal mit einem Dummkopf zu tun bekommen sollten, kann ich Ihnen empfehlen, ihm zuzurufen: «Sie sind *nichts* weniger als ein Könner!» Der Kerl wird sich freuen, weil er heraushört, er sei *nicht* weniger, also genau ein Könner, nicht weniger als das. Die Formulierung, die Sie ihm an den Dummkopf geworfen haben, lautete aber «*nichts* weniger als ...», und das bedeutet in Wirklichkeit: «Sie sind besonders wenig ein Könner, am allerwenigsten ein Könner, Sie sind alles, nur kein Könner!» Wie man sieht, kommt es darauf an, ob man «nichts» oder «nicht» sagt.

Die Unterscheidung ist den meisten von uns nicht gerade geläufig. Aber den Unterschied erklären? Das ist noch schwieriger. Ich habe es still für mich versucht, fand aber, dass ich beim Erklären alles nur komplizierter machte.

Also verlassen wir uns einfach aufs Sprachgefühl, Sie und ich. Da könnte ich an den alten Dialog erinnern: «Sind Sie jetzt beleidigt?» – «Nichts weniger als das!» Eine passende Antwort.

Vor einiger Zeit las ich über die Linkspartei: «Sie braucht nichts weniger als eine Neuorientierung.» Und ich verstand das so: «Bitte nicht schon wieder eine Neuorientierung! Wenn sie irgendetwas gerade *nicht* braucht, dann erneute Unruhe.» Im weiteren Verlauf wurde aber klar: Es sollte der Linken eine Neuorientierung *empfohlen* werden, denn *nicht weniger* als eine Neuorientierung sei nötig, wolle die Partei Erfolg haben.

Meist muss man ahnen, was die Verfasserin oder der Verfasser gemeint hat. Von einer Frau, die durchaus nicht vorhatte, für ihre Mutter zu sorgen, war zu lesen: «Sie hat nichts weniger im Sinn, als sich um ihre alte Mutter zu kümmern.» Gut so. Ich meine, wenigstens grammatisch war das gut, weil es passte. Sonst weniger.

In einem philosophischen Buch stand: «Das ist nichts weniger als ein gültiger Einwand.» Gemeint war wirklich, dass der Einwand kaum gültig sei. Am allerwenigsten das. Also hatte der Philosoph es richtig formuliert, doch wegen meines Misstrauens habe ich das erst beim Weiterlesen gemerkt.

In einem Interview sagte Thomas Enders, damals Chef von Airbus: «Wir erleben im Moment doch *nichts Geringeres* als eine Revolution des Transportwesens.» Er hatte gemeint, was er sagte: Im Moment erlebt man eine Revolution. Geringer darf man den Vorgang nicht einstufen. Er ist nichts Geringeres als eine Revolution.

Übrigens, bei der Wendung «nichts Geringeres» können wir uns beruhigen, denn hier kann man kaum danebentreffen. Ein bisschen auffällig ist nur, dass «nichts Geringeres» und «nicht weniger» so ziemlich dasselbe bedeuten. Enders hätte also auch sagen können: «Wir erleben im Moment doch nicht weniger als eine Revolution.»

Wie kann das sein? Einmal «nichts», das andere Mal «nicht» – und doch derselbe Sinn? Das zu erörtern, will ich mir jetzt ersparen. Und Ihnen auch! Es ist doch, denke ich, willkommen, wenn es in der Sprache Probleme gibt, die sich nicht so leicht auflösen lassen. Die nicht weniger als ein Geheimnis sind.

Eine Kanzlerin, die Krise kann «Der kann auch Generalsekretär.» Das hat Franz Müntefering, damals Parteivorsitzender der SPD, 2005 in einem Interview gesagt, und er meinte den Partei-Geschäftsführer Kajo Wasserhövel. Müntefering kündigte an, den werde er beim Bundesparteitag nominieren. Das weckte Widerstand, und Müntefering trat gekränkt vom Vorsitz der SPD zurück. So wurde der Satz historisch. Eigentlich ist das ja falsches Deutsch, aber die Wendung ist über Nacht berühmt – und sogar stilprägend geworden.

«Der kann auch Generalsekretär» wurde erkennbar zum Modell. Ein Magazin fragte, als der so genannte Arabische Frühling anbrach: «Können Araber Demokratie …?» Gemeinsam ist all diesen Kurzformen, dass sie das Verb weglassen: Das Hilfsverb «können» muss genügen. Wie umständlich klänge es, müsste man noch schreiben: «Diese Geräte können auch Grafik *darstellen.*» Nein, sie können auch Grafik.

Die Leiterin eines Currywurst-Museums meinte: «Die Currywurst ist authentisch, ehrlich, aber sie kann auch glamourös.» Uns sind diese Formulierungen inzwischen so vertraut, dass mancher sich fragen wird, ob man nicht immer schon so gesprochen und geschrieben hat. Nein, da bin ich mir sicher, das hat erst Münte im Oktober 2005 durchgesetzt. Wenn meine Beobachtung stimmt, dann hätte er, wie man heute etwas pathetisch sagt, Sprachgeschichte geschrieben.

Ganz selbstverständlich scheint uns dieser Satz in einem sorgfältig geschriebenen Artikel über eine Werbefrau, die bislang Shampoo beworben hatte und Marketingchefin bei Opel geworden war: «Vielleicht kann sie auch Autos.»

Und voller Anerkennung für unsere Kanzlerin, die dem Griechenland-Sturm trotzte, schrieb ein Chefredakteur: «Sie ist eine Kanzlerin, die Krise kann.» Gut gesagt. Doch ich bin sicher, vor 2005 wäre dieser Satz noch anstößig gewesen. Die neue Freiheit nach Müntefering, nehmen wir sie als Bereicherung.

Anders ist besser «Wichtig is auf'm Platz.» Dieser berühmte Satz stammt von Alfred «Adi» Preißler aus Duisburg. Er war in den Fünfzigerjahren Stürmer und lange Kapitän des Dortmunder Fußballklubs BVB, als der mehrfach westdeutscher Meister wurde. Später wurde Preißlers Satz etwas veredelt zitiert, aber die ganz kurze Form ist die echte. Wegen seiner Kürze war er lange sprichwörtlich.

In einem *Spiegel*-Interview sagte Hans-Joachim Watzke, heutiger Geschäftsführer desselben Klubs: «Die Linken, die *sind mir zu rückwärts.*» Die *Spiegel*-Leute meinten gleich danach: «Sie kommen aus dem Sauerland, so wie Franz Müntefering ...» Gemeint war: aus dem Land, wo die kurzen Sätze blühen.

Aber der *Spiegel* selbst kann ebenfalls kurz. Die Kanzlerin wandele sich zur Sozialdemokratin, las man dort, «aber noch *weiter nach links* würde selbst Merkels Elastizität überfordern». Da fehlt wohl das Verb.

In der Werbung wird gern, weil es auffällt und haften bleibt, an der Grenze zum falschen Deutsch gearbeitet. Verona Feldbuschs «Da werden Sie geholfen» haben wir noch gut im Ohr. War ja auch wirksam. Nicht ganz so, aber auch noch gut: «SATURN. SOO! MUSS TECHNIK».

Die ewig vorbildliche Maria Furtwängler ist eine kluge Feministin und sagte in einem *Spiegel*-Gespräch: «Diese unterschwellige Verachtung gegenüber Frauen *ist überall.*» So ist es inzwischen üblich, man ergänzt nicht mehr ein «vorhanden» oder «zu spüren». Und eine Gerichtsreporterin schrieb: «Erst als die Kameras *aus dem Gerichtssaal sind,* beginnt die Verhandlung.»

«Die alten Möbel, die *hab ich weg*», hörte ich eine junge Ehefrau sagen, und sie fuhr fort: «Das kann bleiben, und das *muss neu.*» So ähnlich formulierte es im Interview jemand, der einen Neubau beschrieb: «Das Zentrum steht, drum herum *ist noch Arbeit.*» «Anders ist besser», das konnte man in der Werbung hören. Nur in der Werbung? Wohl auch sonst, weil es abfärbt.

Vor Jahren las ich, der Grüne Winfried Kretschmann dringe nicht darauf, Kandidat für den Posten des baden-württembergischen Ministerpräsidenten zu werden, und dann hieß es: «Ein anderer Spitzengrüner *würde womöglich viel lieber* als er, Cem Özdemir.» Fehlt da was? Fast vermisst man schon nichts mehr – und versteht. Ebenso diesen Satz eines Reporters: «Ich brauche nur drei Minuten *aus dem Hotel*, da bin ich im Elend des Krieges.» Modernes Deutsch eben.

Drei Männer ertranken. Eigentlich ist das verboten Da von Journalisten erwartet wird, dass sie sich möglichst knapp ausdrücken, packen sie oft zu viel in einen einzigen Satz. Vor allem die Überschriften haben darunter mal wieder zu leiden: «Ein 18-Jähriger fuhr illegal sein Auto in einen Bach». Ohne den Zwang zur Kürze hätte es wohl getrennt so geheißen: «Ein 18-Jähriger fuhr illegal ein Auto, *und* er fuhr es in einen Bach.» Es wurden aber zwei Sätze in einem.

«Nach Angaben der Staatsanwaltschaft Wiesbaden raste der Angeklagte mit 100 statt den erlaubten 70 Stundenkilometern in die Fußgängergruppe.» Warum ereignen sich solche Missgeschicke beim Berichten? Wieder wurden zwei Aussagen in eine gezwängt, erstens fuhr der Angeklagte zu schnell und zweitens in eine Fußgängergruppe.

Ein Gerichtsreporter schrieb: «Ihm war vom Gericht angelastet worden, Pflastersteine in Richtung von Polizisten geworfen, diese aber nicht getroffen zu haben.» Gewiss, ein besonders schönes Beispiel. Auch hier hätte die Aufteilung in zwei Sätze geholfen. Dann hätte der erste Satz mitgeteilt, was dem Mann angelastet wurde, der zweite hätte ergänzt, dass er aber keinen Polizisten getroffen hat.

Und noch ein letztes Zitat, es stammt aus einem Münchner Blatt: «Wie sicher ist der Eisbach? Schon drei Männer ertranken heuer in Münchens beliebtestem Surfrevier. Eigentlich ist das verboten, doch das wird massenhaft ignoriert …»

Ein paar Worte mehr, und das alles wäre – rein sprachlich – nicht passiert.

Geschleifte Bänke Ein Sack wird über das Pflaster geschleift, ein Abendkleid hat auf dem Parkett geschleift, doch ein Messer wird geschliffen und jemand hält eine geschliffene Rede. Wenn Festungsmauern abgetragen werden, werden sie geschleift.

«Schleifen» gehört zu den Verben mit zwei Bedeutungen, und die werden nicht immer unterschieden. Was man verstehen kann, denn unsere Sprache ist etwas kompliziert.

Im Januar 2015, nach dem Attentat von Paris auf das satirische Wochenblatt *Charlie Hebdo*, waren alle dafür, das Recht auf freie Meinungsäußerung zu verteidigen. Auch die notwendige Abwehr von Gefahren dürfe diese Rechte nicht einschränken. Der deutsche Innenminister sprach davon, wir dürften die Freiheitsrechte «nicht weiter schleifen». Ja, im Präsens geht's immer gut. Aber nehmen wir mal an, der Minister beherrschte auch das Perfekt perfekt, dann hätte er gesagt: «Die Freiheitsrechte dürfen nicht weiter geschleift werden.»

Doch im Bundestag sprach zu dem Thema auch ein Vertreter der Linken, der sagte: «Die Freiheitsrechte sind bei uns in den letzten Jahren schon genügend *geschliffen* worden.» Sind diese Rechte etwa zu scharfen Waffen geschliffen worden? Oder nicht doch eher geschleift wie die Mauern einer alten Festung?

Ich gebe zu, «geschleift», das hört sich heute etwas merkwürdig an. In einigen Jahren wird diese Form wohl ganz verschwinden. Der Unterschied beider Formen wird dann eingeebnet, also geschleift sein, und man wird Messer und Festung ganz gleich behandeln.

Nehmen wir noch ein anderes Wort, das es doppelt gibt, verwendet vom Innenminister eines Bundeslandes, der sich im Bayerischen Rundfunk äußerte. Das war ebenfalls nach einem Terrorakt, diesmal nach den Attentaten von Brüssel im März 2016, als sich herausstellte, dass die europäischen Geheimdienste ihre Daten nicht untereinander austauschten. Da sagte er: «Es nutzt ja nichts, wenn jeder auf seinen *Datenbänken* sitzen bleibt und die Menschen sterben.» Gut so. Nur lautet der Plural von «Datenbank» «die Datenbanken», analog zu den gleichnamigen Finanzinstituten. Man kann auf ihnen schlecht sitzen.

X. Genau!

Kalifornien, ein Kalifat Wie kam Kalifornien zu seinem Namen, dieses Land, in dem spanische Jesuiten und Franziskaner ihren Siedlungen so christliche Namen wie Los Angeles oder San Francisco gegeben haben?

Viele alte Orte heißen dort sehr katholisch: Santa Barbara, San Jose, Sacramento oder San Diego. Der Name des ganzen Landes aber erinnert an ein muslimisches Kalifat. «Kalif» (arabisch: «Nachfolger») ist seit 632 der offizielle Titel der Erben Mohammeds als Herrscher über das Kalifat, die muslimische Gemeinschaft.

Und wirklich, Kalifornien ist ein Kalifat. Wie das?

Der Name des Landes geht auf den spanischen Roman *Las Sergas de Esplandián* zurück, veröffentlicht um 1510, geschrieben von Garci Rodríguez de Montalvo. Das Buch war über Jahrzehnte sehr beliebt. Beschrieben wird in dem Roman die vom Dichter erfundene «Insel von Kalifornien» im äußersten Osten Asiens. Bevölkert wird sie nur von muslimischen Frauen, die als Amazonen leben (also als weibliche Krieger), angeführt von Königin Calafia.

Als die Spanier – da war der Roman schon sehr bekannt – den Pazifik erkundeten, gaben sie in ihren Karten der Halbinsel ganz im Osten (im Westen des heutigen Mexiko) den Namen «California» und folgten dabei dem Roman. Diese Halbinsel erstreckt sich über 1200 Kilometer. Nördlich von ihr liegt heute der US-Bundesstaat California.

Die frei erfundene Romanhandlung spielt vor einem historischen Hintergrund. Es wird erzählt, wie Königin Calafia mit ihren Amazonen westwärts segelt, um mit den Osmanen das christliche Konstantinopel zu erobern. Das gelang ja auch im Jahre 1453. Sie selbst ficht gegen den christlichen Prinzen Esplandián und unterliegt, wird gefangen genommen, tritt zum Christentum über, heiratet einen Cousin des Prinzen und kehrt mit ihm nach Kalifornien zurück.

Erzählt wird also eine christliche Erfolgsgeschichte, die den Verlust Konstantinopels wettmachen sollte. So verlor der Name California seine Schrecken und kam auf die spanischen Landkarten. Doch blieb damit auch die Erinnerung an ein muslimisches Kalifat. Um die Peinlichkeit zu tilgen, wird der Name California heute in Amerika gern vom spanischen *calida forna* – «heißer Ofen» – hergeleitet.

Dabei ist die historische Wahrheit doch viel amüsanter.

Der wahre Arbeitgeber Wer ist ein Arbeitgeber? Das war und ist umstritten. So mancher Gewerkschafter oder Linke ist da anderer Meinung als die Mehrheit. Sie erklären einem gern, eigentlich müsse man einen arbeitenden Menschen den «Arbeitgeber» nennen, denn er «gibt seine Arbeit her», wie es zur Begründung heißt.

Der Fabrikbesitzer hingegen, der von den meisten «Arbeitgeber» genannt werde, nehme in Wirklichkeit die Arbeit entgegen und mache damit seinen Profit. Insofern sei er der wahre «Arbeitnehmer». So hat es einst Karl Marx festgelegt und wollte damit den Sprachgebrauch revolutionieren.

In ihrem Buch *Sprachlügen* treten Kai Biermann und Martin Haase für ein Verständnis von «Arbeitgeber» im Sinne von Karl Marx ein und meinen ebenfalls, der Arbeiter sei in Wahrheit der Arbeitgeber: «Irgendwie haben es deutsche Firmenchefs und Politiker geschafft, dieses Verhältnis sprachlich umzudrehen.»

Sind die beiden Autoren damit wirklich einer «Sprachlüge» auf der Spur? Ihre Deutung kann nicht ganz stimmen, denn die deutsche Sprache war immer schon auf den heutigen Sprachgebrauch festgelegt. Wenn jemand hier etwas «umdrehen» wollte, so ist es Marx gewesen. Man sagte «ich habe Arbeit gefunden» und meinte mit «Arbeit» die Gelegenheit zu arbeiten, also den Arbeitsplatz, nicht die eigene Arbeitskraft. Marx wollte eben das ändern. Diese Umkehrung des Sprachgebrauchs mag die politische Wahrheit auf ihrer Seite haben, nicht aber auf ihrer Seite hat sie die deutsche Sprache. Auch der Schriftsteller Ingo Schulze will das Wortpaar im Marx'schen Sinne verstehen.

Dahinter stecken Gefühle. Tatsächlich gibt es ja einen freundlichen Unterton in dem Wort «Arbeitgeber», der ihn zum gütigen Herrn macht, der etwas gibt. Dieser Eindruck soll offenbar verhindert werden.

So reden beide Seiten aneinander vorbei, weil sie das Wort «Arbeit» unterschiedlich auffassen. Denn klar ist ja: Arbeitgeber ist der Arbeiter nur, wenn man unter «Arbeit» die Arbeits*leistung* versteht. Das kommt im Deutschen durchaus vor. Man kann einen Handwerker loben mit «Gute Arbeit abgeliefert!». Aber wird jemand dadurch zum Arbeitgeber, zu einem, der seine Arbeit hergibt?

Nein, «Arbeitgeber» bleibt der Unternehmer, solange man unter «Arbeit» den Arbeits*platz* versteht. Und der ist mit dem Wort meist gemeint, etwa in den verbreiteten Wörtern «Arbeitsmarkt», «Arbeitslose» oder «Arbeitsgericht».

In diesem Sinne sagt man eben auch «ich habe Arbeit gefunden» und nicht «ich gebe meine Arbeit her». Deshalb ist der Arbeiter im Deutschen doch nicht der Arbeitgeber. Leider.

Begriffe, die nach Namen heißen *«Lynchen»*, das bedeutet, jemanden ohne ordentliches Verfahren zu misshandeln oder umzubringen. Das Wort geht, so viel ist klar, auf einen Offizier in Virginia zurück, der um das Jahr 1782, also in den Wirren des Unabhängigkeitskrieges, mit einer selbsternannten kleinen Truppe willkürlich Menschen bestrafte. Der Mann hieß Lynch, aber leider ist nicht eindeutig überliefert, wer es genau war. Zwei Herren in Virginia beanspruchten später, das Wort sei nach ihrer Willkürjustiz gebildet worden. Einerseits war das Charles Lynch (1736–1796), ein Oberst und Richter, andererseits war es der sechs Jahre jüngere Hauptmann William Lynch (1742–1820). Zwar war dessen angebliche Bürgerwehr unbedeutend gewesen, doch überlebte William seinen Namensvetter bei weitem und rühmte sich 1811, im hohen Alter, das Wort gehe auf sein gesetzloses Wirken zurück.

Der *«Boykott»* wurde nach einem englischen Gutsverwalter in Irland benannt, Charles Boycott, Hauptmann der britischen Armee, der 1880 auf den Ländereien eines englischen Grafen eingesetzt wurde. Weil er als brutaler Mann galt, weigerten sich die Bauern schon im ersten Jahr, den Pachtzins zu bezahlen. Das lag nicht nur an Boycotts übler Art, sondern auch daran, dass die meisten Engländer im katholischen Irland als Besatzer galten und verhasst waren. Niemand wollte mehr für Boycott arbeiten oder mit ihm Handel treiben. Bereits in seinem ersten Jahr konnte er die Ernte nur mit protestantischen Arbeitern aus Nordirland und unter dem Schutz von fast tausend britischen

Soldaten einbringen. Die gerade erst gegründete *Irische Landliga* billigte den Widerstand offiziell, und nicht einmal die Eisenbahn transportierte noch etwas für Boycott. Der Fall wurde sehr bekannt, und die *London Times* schrieb schon im selben Jahr von *boycotting*. Der harte Pächter musste Irland verlassen, ein erster großer Erfolg der *Irischen Landliga*.

Die «*Silhouette*» ist benannt nach einem französischen Adligen, Étienne de Silhouette. Er war 1759 nur ein halbes Jahr lang Finanzminister, bevor er gehen musste, weil er den Adel erstmals zu Abgaben hatte zwingen wollen, um die Staatsfinanzen zu sanieren. Schon vor seiner Entlassung waren zahlreiche Karikaturen erschienen, und man sagte zu Billigware *à la Silhouette,* weil der Minister angeblich alle teuren Anschaffungen zu besteuern suchte, selbst gemalte Porträts. Da gerade Scherenschnitte (nach Schattenrissen) als günstige Alternative zu Gemälden aufkamen, wurden sie nach ihm benannt. Auch sagte man ihm nach, in seinem Schloss hänge er aus Geiz nur Scherenschnitte statt Ölbildern auf. Das waren dann *portraits à la Silhouette*. Später wurde sein Name verallgemeinert zum Wort für jeden Umriss.

Als «*Mansarde*» bezeichnet man eine Wohnung in einem Dachgeschoss, wie sie zuerst für den Louvre in Paris erfunden wurde und von Jules Hardouin-Mansart (1646–1708), dem Hofarchitekten Ludwigs XIV., auf zahlreiche Pariser Prunkbauten übertragen wurde. Das Wort ist bald für die Dachform, dann auch für die Wohnung darin üblich geworden, wobei der Name des Architekten (schon im Französischen) eine weiche Endung auf «-de» bekam. Auch Goethe pries 1811 in *Dichtung und Wahrheit* sein «hübsches helles Giebelzimmer in der Mansarde».

Die heutigen «*Schrebergärten*» sind nach einem Leipziger Arzt benannt. Aber sie gehen nicht auf ihn zurück. Schon um 1800 wurden in Deutschland die ersten Armengärten eingerichtet, um dem verbreiteten Elend zu begegnen. Im Jahre 1826 gab es sie bereits in zwanzig Städten, und zwar unter dem Namen «Arbeitergärten», später auch «Eisenbahnergärten» oder «Laubenkolonien». Der Leipziger Schuldirektor Ernst Innozenz Hauschild gründete 1865 einen Verein, der eine Turn- und Spielwiese für Arbeiterkinder einrichtete. Den Verein benannte er nach seinem verstorbenen Freund, dem Arzt Moritz Schreber (1808–1861), weshalb die Spielwiese Schreberplatz hieß. Sie wurde bald um Kinderbeete erweitert, die dann eingezäunt und zu «Schrebergärten» wurden. Leider hat die Benennung einen Nachteil: Der Arzt Schreber hatte strenge Erziehungsmethoden propagiert, die auf Prügel setzten, eine kerzengerade Haltung fördern und das Masturbieren verhindern sollten. Heute gilt Schreber als Hauptvertreter der so genannten schwarzen Pädagogik. Aber er wurde auch zum Namenspatron von etwas Gutem.

Was den Sprechenden nicht gut bekam *«Peanuts»:* Der Immobilienunternehmer Jürgen Schneider machte 1994 Pleite mit einem Schuldenberg von fünf Milliarden Mark. Einen großen Teil davon hatte die Deutsche Bank zu tragen. Die Handwerker, die Schneider beschäftigt hatte, erlitten einen Verlust von fünfzig Millionen. Der Sprecher (Chef) der Deutschen Bank Hilmar Kopper erklärte daraufhin großzügig, seine Bank werde den Handwerksbetrieben diese Summe freiwillig ersetzen. Dabei stufte er seine Spende noch herab, indem er darauf hinwies, diese Millionen seien angesichts des Schadens für die Bank «Peanuts».

Obwohl Kopper nur seine eigene Großzügigkeit hatte kleinreden wollen, wurde der Ausdruck in der Presse als überheblich empfunden, und seine «Peanuts» wurden zum Unwort des Jahres erklärt. Ich meine, dass der Bescheidenheit selten so übel mitgespielt worden ist. Doch Hilmar Kopper rechtfertigte sich nicht und zeigte großartigen Humor, als er sich später für eine Werbekampagne der *FAZ* abbilden ließ – sitzend auf einer Waggonladung Erdnüsse.

«Sozialverträgliches Frühableben» war vier Jahre später das Unwort des Jahres. Die sarkastische Wendung spielt darauf an, dass ein Mensch im Rentenalter mehr Kosten verursacht als Nutzen bringt, also am besten früh sterben sollte. Verwendet hatte die Worte 1998 Ärztepräsident Karsten Vilmar in einem Radiointerview mit dem NDR. Vilmar protestierte dagegen, dass die rot-grüne Bundesregierung vorhatte, die Arzthonorare zu kürzen. Er wollte zeigen, was «die zwangsläufige Folge sein» werde, und sagte sarkastisch: «Dann müssen die Patienten mit weniger Leistung zufrieden sein, und wir müssen insgesamt überlegen, ob diese Zählebigkeit anhalten kann oder ob wir das sozialverträgliche Frühableben fördern müssen.»

Die Empörung war groß, die Ironie missglückt. Vilmar wollte wohl eigentlich unterstellen, dieses «Frühableben» sei die Absicht der Bundesregierung. Aber er hatte von «wir» gesprochen, «wir müssen insgesamt überlegen». Ein verheerender Fehler. Nun stand die Ärzteschaft im Verdacht, den Tod von Patienten in Kauf zu nehmen, weil sie Hilfe verweigern werde.

«Das Internet ist für uns alle Neuland» – so hat Bundeskanzlerin Merkel im Juni 2013 in Berlin bei einer gemeinsamen Pressekonferenz mit Barack Obama auf eine Frage nach dem Überwachungsprogramm *Prism* geantwortet. Im Netz rief ihr Satz erhebliche Erheiterung hervor, ja, er brachte Hohn und Spott. Innerhalb weniger Minuten wurde der Hashtag #Neuland der meistverbreitete in Deutschland.

Ironie in schärfster Form: «Ach, dieses Internet, das wird sich nicht durchsetzen», schrieb einer, «das gibt's ja auch erst seit vorgestern.» Ein anderer: «Dieser Tag wird in die Geschichte eingehen. Deutschland, 19.06.2013: Merkel entdeckt #Neuland.» Oder: «DingDong Die kleine Angela möchte bitte aus dem #neuland abgeholt werden.»

Dieser Hohn war nichts als Dummheit. Die User hatten «verstanden», Merkel habe das Internet allgemein Neuland genannt und es sei ihr bislang unbekannt. Gemeint hatte sie aber genau das, worum es in der Pressekonferenz gegangen war und wonach man sie gefragt hatte, nämlich *Prism*, also die juristische und politische Zähmung des Internets. Und dabei betreten tatsächlich alle jeden Tag – Neuland.

Empathie und Frustration Die Anwältin hat nur wenige Klienten, «denn es fehlt ihr an Empathie». Ein solcher Satz sitzt. Er wirkt unbestreitbar, schon deshalb, weil wir ihn vom hohen Ross der Fachsprache herab geäußert haben. Gewiss, wir hätten auch feststellen können, dass es der Juristin an Einfühlungsvermögen fehle, aber so ein deutsches Wort klingt doch, Verzeihung, etwas laienhaft.

Das war mal anders. Als die Wissenschaft noch Deutsch sprach, schrieb der bedeutende Psychologe Theodor Lipps von der Kunst der «Einfühlung». So nannte er das. Es war um das Jahr 1880. Bald darauf erörterte der fünf Jahre jüngere Sigmund Freud ebenfalls das «Einfühlungsvermögen». Nicht viel später kamen die Werke beider Herren auf Englisch heraus, und die Übersetzer, bei Freud waren es James Strachey und seine Frau Alix, wählten das Wort *empathy*. Das war ja auch ganz passend, zumal der deutsche Philosoph Rudolf Hermann Lotze schon 1848 von «Empathie» geschrieben hatte. Das Wort hat es im alten Griechisch nicht gegeben und *empathy* im Englischen zuvor auch nicht.

Kaum war Freud auf diese Weise übersetzt, sprachen auch die deutschen Psychologen und Analytiker nur noch von «Empathie». Sigmund Freud, dieser Meister der wissenschaftlichen Prosa und Anhänger der deutschen Sprache, hatte verloren.

So schön lässt sich eine Wortgeschichte nicht immer verfolgen. Aber es gibt auch andere Sachverhalte, die früher einmal deutsch benannt wurden, während heute Fremdwörter üblich sind. Die machen wohl mehr her.

Zum Beispiel beschrieb Freud auch die «Versagung». Er wolle «die Tatsache, dass ein Trieb nicht befriedigt werden kann, Versagung, die Einrichtung, die diese Versagung festlegt, Verbot, und den Zustand, den das Verbot herbeiführt, Entbehrung nennen». Die Standardübersetzung von Freuds Werken ins Englische wählte für «Versagung» *frustration*, ein Wort, das seit der Renaissance bekannt war und eigentlich «Enttäuschung» und «Verhinderung einer Erwartung» bedeutet. Ob damit die «Versagung» gut übersetzt war, kann man bezweifeln, nicht aber, dass diese Übersetzung wirksam wurde.

Freuds starker Wunsch, dass man sich deutsch ausdrücke, wurde ihm in der deutschsprachigen Literatur nicht selten versagt. Vielleicht wäre er heute darüber – frustriert.

Menschen als Zahlen Der FDP-Vorsitzende Christian Lindner in einem Pressegespräch: «Es werden dann massenhaft Härtefälle produziert, die Sie nicht mehr ausweisen können.» Vielleicht bin ich da empfindlich, aber ich wundere mich schon, dass man Menschen als Härtefälle bezeichnen kann, die wir «nicht mehr ausweisen können».

Als in Italien mal wieder eine neue Regierung zusammengestellt wurde, schrieb der *Spiegel:* «Außenministerin Federica

Mogherini ist eine der ungewöhnlichsten Personalien von Reformpremier Matteo Renzi.» Wieder so ein Grenzfall. Ist Frau Mogherini eine Personalie?

Gut, ich fürchte, Sie sind nicht überzeugt. Aber ich komme nun zu den Zahlen, den unmenschlichen Zahlen. Es geht um ein Unglück, das schlimmste in der Geschichte der Deutschen Bahn. Darüber las ich an einem Jahrestag: «In Eschede starben bei dem Bahnunglück hundert-und-eins Menschen.» Was mich ein bisschen stört, ist das Wort «eins». Es passt nicht zu Menschen. «Hundert-und-eins» ist eine reine Zahl. Wenn man Menschen meint, wären es «hundert-und-ein Mensch». Die Einzahl «Mensch» klingt hier gewiss etwas ungewohnt, doch so sagt man auch sonst, etwa in dem Titel *Tausendundeine Nacht*. Aber zugegeben, das ist etwas knifflig.

Russland ist das Land, «das im Zweiten Weltkrieg die höchsten *Opferzahlen* zu beklagen gehabt hat». So hat eine Zeitung Angela Merkel zitiert, und wir sind diese Art sich auszudrücken schon gewohnt. Wen hatte Russland zu beklagen? Opferzahlen? Besser wäre es gewesen zu schreiben: «die höchste Zahl an Opfern». Noch besser: «die meisten Opfer».

Es gibt noch härtere Fälle. Manchmal klingt es nämlich so, als wären es im Holocaust Zahlen gewesen, die gequält und ermordet wurden. Ein Journalist, sonst klug, schrieb in der *Welt:* Es «existierten mehr als 1000 Außen- und Nebenlager, in denen teilweise vierstellige Zahlen von Menschen ausgebeutet, gequält und ermordet wurden».

Ein Denkmal der Schande Ein Jobcenter ließ einen Arbeitslosen wissen: «Ihr Umzug war nicht erforderlich, da ein Verkauf Ihrer Schwester den Mietvertrag nicht aufgelöst hat.» Über die

Wendung «Verkauf Ihrer Schwester» muss sich jemand amüsiert haben, er sandte das Zitat an den «Hohlspiegel», wo man die Worte wohl ebenso lustig fand. Aber eigentlich sind sie in Ordnung.

Auch diese Polizeimeldung: «Am Sonntag ist das Grillen dreier Kinder außer Kontrolle geraten.» Ein Missverständnis liegt zwar auch hier nahe, aber grammatisch ist der Satz immerhin korrekt. Denn den Genitiv gibt es doppelt – mindestens.

Nehmen wir dazu ein Beispiel: «Die Verehrung der Mutter» kann beides heißen, dass die Mutter ihr Kind verehrt (Genitivus subiectivus) oder das Kind die Mutter (Genitivus obiectivus). Meist ergibt sich das Gemeinte aus dem Zusammenhang: «Die Verehrung der Mutter hat sie verwöhnt» oder «Die Verehrung der Mutter war für sie eine Pflicht».

«Der Besuch der Bundesrepublik» – da kommt nicht die Bundesrepublik angereist. Es ist ein Genitivus obiectivus, der jedoch im Deutschen seltener ist. Er wird meist mit einer Präposition umschrieben («Besuch in der Bundesrepublik»). Welcher Genitiv vorliegt, kann man, wie gesagt, meist gut feststellen. «Die Schönheit eines Pferdes» ist etwas anderes als «die Schlachtung eines Pferdes». Da verwechseln wir nichts.

Um wieder auf das zitierte amtliche Schreiben zu kommen: Die Schwester im «Verkauf Ihrer Schwester» sollte ein Genitivus subiectivus sein, so ähnlich wie in «die Entscheidung Ihrer Schwester», nicht wie in «die Vertreibung Ihrer Schwester». Sie wurde also nicht verkauft.

Und nun komme ich noch auf eine dritte Bedeutung des Genitivs und wähle dazu politisch brisante Worte. Das Holocaustdenkmal in Berlin wurde vom unsäglichen Björn Höcke ein «Denkmal der Schande» genannt. Eigentlich könnte man der Formulierung zustimmen, denn dieses Denkmal erinnert an unsere deutsche Schande. Ein Genitiv, so ähnlich wie in der Wendung «eine Vergegenwärtigung des Grauens».

Gemeint hatte es Höcke jedoch anders, nämlich so, dass dieses Denkmal selbst eine Schande sei. Er verwendete den Genitiv der Eigenschaft (Genitivus qualitatis), den wir aus Worten kennen wie «ein Zeichen des Verfalls». Dann ist das Zeichen selbst Verfall. Oder wie «ein Mann des Verbrechens», was diesen Mann als Verbrecher qualifiziert.

Natürlich sind Höckes Worte eindeutig. Zwar hat sich der gelernte Lehrer etwas zweideutig ausgedrückt, vielleicht sogar mit Absicht. Aber wir kennen den Kontext, seine Gesinnung.

Verbrechen gegen die Menschheit Im Nürnberger Kriegsverbrecherprozess lautete die Anklage auf *crimes against humanity.* Der Begriff war im Englischen schon länger eingeführt, in Deutschland aber neu. Die Dolmetscher übersetzten ihn mit «Verbrechen gegen die Menschlichkeit». Und so hat sich die Wendung bis heute bei uns erhalten.

Doch war das – leider – die falsche Übersetzung, wie man sich bei einigem Nachdenken klarmachen kann. Denn den Nazi-Oberen wurde ja kaum vorgeworfen, gegen die Menschlichkeit verstoßen zu haben. Gemeint waren «Verbrechen gegen die Menschheit». Der Fehler lag nahe und lässt sich erklären, denn *humanity* kann im Englischen beides bedeuten, die «Menschheit» und die «Menschlichkeit». Dass in Nürnberg und seitdem vor internationalen Gerichtshöfen die Menschheit gemeint war und ist, steht aber außer Zweifel.

Denn es bildete sich gerade in Nürnberg diese ganz neue Auffassung vom Völkerrecht, die sich bald durchsetzte, nach der die Verbrechen eines Staates, auch wenn sie sich gegen die eigene

Bevölkerung richten, nicht mehr bloß eine Angelegenheit dieses Staates sind. Sie abzuurteilen ist daher Aufgabe der ganzen Staatengemeinschaft.

Gemeint sind Verbrechen, die die gesamte Menschheit angehen. Hannah Arendt hat 1978 in ihrem Buch über den Eichmann-Prozess den deutschen Begriff «Verbrechen gegen die Menschlichkeit» ebenso ironisch wie zurückhaltend als «das Understatement des Jahrhunderts» bezeichnet.

Kindesmissbrauch Ein Mann, der in seiner Kindheit von einem Erwachsenen vergewaltigt wurde, sagte nach Jahren, von «Missbrauch» könne keine Rede sein, denn man spreche ja auch nicht von einem «Gebrauch» von Kindern. Das ist wahr. Das Wort «Kindesmissbrauch» ist ziemlich falsch und steht in dem Verdacht, ein Verbrechen zu verharmlosen.

In alter Zeit sprach man von «Notzucht» an Kindern und vom «Schänden» einer Jungfrau, denn «schänden» hieß früher, einer Frau sexuelle Gewalt anzutun, wörtlich aber nur «in Schande bringen». Auch kein guter Ausdruck für eine so schlimme Straftat. Davon ist uns das Wort «Kinderschänder» geblieben, ein noch recht neues Wort. Dann war die Rede von «Vergewaltigung», was schon eher zutraf, aber fast nur auf erwachsene Frauen bezogen wurde.

Weil es kein passendes Wort für die Gewalt gegen Kinder gab, entlehnte man einen Ausdruck aus dem Englischen und sprach von «Missbrauch». Das Wort ist wie gesagt überhaupt nicht angemessen. Im Englischen spricht man vom *abuse of children*, aber das ruft auch im englischen Sprachraum Verwunderung hervor.

Abuse hat weitgehend dasselbe Bedeutungsspektrum wie

«Missbrauch». Ein Richter kann seine Macht missbrauchen, ein Süchtiger seine Medikamente oder den Alkohol. Es ist eben ein schlechter Gebrauch. Wer seinen Körper ausbeutet oder sein Pferd misshandelt, treibt im Englischen ebenfalls *abuse*. Doch leider heißt auch die Vergewaltigung *abuse*, auch die von Kindern.

Daher haben wir also den angeblichen «Kindesmissbrauch». Das Wort wirkt so, als handelte es sich um einen üblichen Gebrauch von Kindern, der hier nur etwas weit gehe. Wie der Alkoholmissbrauch. Doch zu ändern ist an dem Sprachgebrauch wohl nichts.

Es sei denn, wir nennten es «sexuelle Misshandlung von Kindern» oder sagten konsequent: «Kindesvergewaltigung».

Holocaust und Schoah, eine Wortgeschichte In London richtete man bei der Thronbesteigung König Richards I. im Jahre 1189 ein Gemetzel unter den Juden an. Ein Chronist, der davon zustimmend berichtete, nannte das Morden ein «Brandopfer» (lateinisch *holocaustum*), das man veranstaltet habe, «um die Juden ihrem Vater, dem Teufel, zu opfern». Damit wurde, soviel man weiß, zum ersten Mal ein Massaker an Juden so genannt.

Das Wort ist ursprünglich griechisch und bedeutet «vollständig verbrannt». So nannte man das Verbrennen von Opfertieren auf einem Altar. Als die hebräische Bibel (das Alte Testament) ab etwa 250 v. Chr. ins Griechische übersetzt wurde, wählte man das griechische Wort für die Brandopfer von Tieren, wie sie im Jerusalemer Tempel üblich waren. Auf Hebräisch hießen sie *kalil* und *olah*. Damit geriet «Holocaust» in die christliche Tradition und wurde dann zynisch auch auf Massaker an Juden angewandt, als sei deren Ermordung ein Gott wohlgefälliges Opfer.

Bald nannte man im Englischen und Französischen große Brandkatastrophen *holocaust*. Jahrhunderte später, 1895, stand das Wort dann auch für Völkermord, nämlich in englischen Artikeln, die von damaligen Massakern an Armeniern berichteten. So lag es nahe, dass die *London Times* schon 1939 das, was in Deutschland drohte, einen «Holocaust, eine vollständige Verbrennung», nannte.

Während *the Holocaust*, nun großgeschrieben, ab 1960 in den USA und in England üblich wurde als Bezeichnung für die Ermordung der europäischen Juden, sprach man in Deutschland zunächst von «Auschwitz». Nach diesem Ort unserer Schuld und Schande wurden ab 1963 auch die berühmten Prozesse in Frankfurt genannt. Doch der Eichmann-Prozess und vor allem die amerikanische Fernsehserie *Holocaust*, die in Deutschland seit Januar 1979 lief, verbreiteten den Begriff auch bei uns. Er wurde zum Wort des Jahres gewählt.

Aber es regte sich auch Widerstand dagegen, weil das Wort ja zunächst ein gottgefälliges Opfer bezeichnet hatte. Widerspruch gab es auch, weil das Wort sehr viel abstrakter wirkt als «Auschwitz», das deutlicher an die deutschen Verbrechen erinnert. Eingewandt wurde ebenso, nicht zuletzt von jüdischer Seite, dass «Holocaust» die Einzigartigkeit des Judenmordes durch Nazi-Deutschland infrage stelle.

Denn in der westlichen Welt wurden bald auch andere erschreckende Ereignisse so genannt, etwa der drohende Atomkrieg, die lange Unterdrückung der Schwarzen in den USA, die Hexenverfolgung, die Vertreibung einer Bevölkerung oder der Bombenkrieg, selbst die Abtreibung. Das machte es schwer, dem Wort die Bedeutung der Einzigartigkeit zu erhalten.

Viele ziehen schon deshalb das hebräische Wort «Schoah» vor. Es benennt in der Bibel eine von Gott gesandte Bedrohung des

Volkes Israel, meist übersetzt als «Unheil» oder «Heimsuchung». Schon 1942 setzte sich der Begriff in den jüdischen Gemeinden Palästinas für das durch, was die Deutschen taten. Auch die israelische Unabhängigkeitserklärung von 1948 begründete das Existenzrecht Israels mit «der Schoah, die in Europa Millionen Juden vernichtet hat». Tief eingeprägt hat sich vielen der Begriff auch durch den gleichnamigen Dokumentarfilm von Claude Lanzmann aus dem Jahre 1985, der nur aus Berichten von Zeitzeugen besteht und eine Länge von über neun Stunden hat. Seit diesem Film wurde in Westeuropa das Wort «Schoah» als Name des unbegreiflich Schrecklichen von vielen Menschen übernommen.

Denn «Schoah» – früh durch die Opfer selbst gewählt – ist ein hebräisches Wort, und es wurde nicht auf andere Katastrophen ausgedehnt, man nahm ihm also nicht die Einmaligkeit.

Aus dem Verlagsprogramm

Sprache in C.H.Beck Paperback

Wilfried Ahrens

Der Polizist rettete sich durch einen Seitensprung

Neue juristische Stilblüten

3. Auflage. 2019. 156 Seiten. Broschiert

Beck Paperback Band 1832

Guy Deutscher

Die Evolution der Sprache

Wie die Menschheit zu ihrer größten Erfindung kam

Aus dem Englischen von Martin Pfeiffer

2018. 381 Seiten mit Abbildungen. Klappenbroschur

Beck Paperback Band 4507

Eike Christian Hirsch

Gnadenlos gut

Ausflüge in das neue Deutsch

Limitierte Sonderausgabe

2009. 160 Seiten. Broschiert

Beck'sche Reihe Band 4067

Eike Christian Hirsch

Deutsch kommt gut

Sprachvergnügen für Besserwisser

Limitierte Sonderausgabe

2009. 189 Seiten. Broschiert

Beck'sche Reihe Band 4073

Heike Wiese

Kiezdeutsch

Ein neuer Dialekt entsteht

2., durchgesehene Auflage. 2012. 280 Seiten mit 18 Abbildungen.
Broschiert

Beck'sche Reihe Band 6034